カジノ幻想

「日本経済が成長する」という嘘

鳥畑与一
Torihata Yoichi

ベスト新書
473

はじめに

「駅に行きたいのだけど、お金をもらえない？」フィラデルフィアからＮＪトランジットで片道10ドル、約1時間半でアトランティックシティ駅に到着し、駅横のコンベンションセンターからシェラトンホテル前に来たとき、小ぎれいな若い女性からの声に途方に暮れた。快晴の土曜の朝、「駅はそこですが」と間抜けな対応しかできなかった。

２０１４年夏、「カジノによって荒廃した街」の現状をこの目で見ようと渡米したのであった。ところが、10年前から駅前に整備中のアウトレット街は、人通りは少ないもののしゃれたブランド店が並び、予想していた寂れた街並と違っていた。アウトレット街からカジノに入り、ボードウォークに出ると土産物店が並んだ通りは観光客で賑わっていた。数キロに渡って海岸沿いに続く板張りの歩道であるボードウォークには９つのカジノが巨大な偉容を誇り、バリーの玄関からは「金持ちになろうぜ」という歌が繰り返されていた。

「カジノで荒廃した街」という認識は間違っていたのだろうか？

その困惑は、瞬く間に消え去った。シーザーズの海岸に突き出たショッピングモールはその華やかな外観とは裏腹に、中は空き店舗が多くシャッター通りのようであった。巨大なカジノの脇道から市街地を見ると、空き地と閑散とした街並が目に飛び込んできた。そう、ここはつぶれたホテルやレストランの跡地の空き地ばかりの街であった。「昔は道の両側に店が建ち並んでいたのに」と案内してくれたタクシー運転手の嘆きは、「カジノは人を囲い込んで外に出さない」という恨み節に続いた。

　フロリダの反カジノ団体「ノーカジノ」によると、カジノ合法化以来、アトランティックのレストランは２００軒つぶれたが、カジノ周辺のホテルの多くも同じ運命を辿ったという。カジノは人口わずか４万人の街に年間３０００万人以上の人を集めたが、それでも街を救うことはできなかったのだ。１９７６年にカジノを合法化したアトランティックシティは、いまも世帯平均所得はニュージャージー州平均の４割の約３万ドル（約３６０万円）で、貧困率約30％は州平均の３倍、失業率と犯罪率はトップクラスに喘《あえ》ぐ街のままである。

　カジノは、この小さな街を救う「魔法の杖」ではなかったのである。それどころか雑誌『アトランティック』に「地域経済を破綻《はたん》させるいい方法、それはカジノを建設することさ」と皮肉られる現実が、カジノ産業が斜陽化しつつある米国各地のカジノの街に拡がっている。

　一方の日本では、地方再生の「魔法の杖」としてカジノ推進法案を推し進めようとしている。本書は経済学の観点から、その是非を問うものである。

政府は、カジノ合法化で巨大な収益を生み出す市場が生まれ、雇用、税収など経済的効果が大きいことばかりを強調している。カジノ反対論はそのメリットを無視した道徳的反発にすぎず、ギャンブル依存症は厳格な規制で管理可能だと誇る。これまで推進派と反対派の論争は、「別の土俵からの空中戦」かのように語られてきたわけだ。

はたして、カジノ推進の背景には、90年代末から展開されてきた米国カジノ企業の対アジア戦略がある。「客がいるところにカジノを作るのさ」というアトランティックシティの元カジノ経営者の言葉が示すように、ラスベガス資本は儲かる可能性があるとみればどこまでも追いかけた。

しかし80年代末以降カジノが急速に普及してきた米国では、カジノの闇は仮定の話ではなく豊富な経験に裏付けられた現実の問題であり、その経済的利益の虚構が指摘されてきた。14年春には、ニューハンプシャー州議会は僅差でカジノ合法化を否決したが、反対派が提示した31の反対理由の一つひとつが現実に裏付けされたものであった。

こうしたカジノ議論の複雑さに付いていける方は多くないはずだ。本書では第1章でカジノ推進派の主張と、それに対する反論を明記したので、ここだけを読んでいただいてもカジノ議論の全容がつかめるだろう。本書は少しでも多くの方に「ＩＲ（統合型リゾート＝Integrated Resort）型カジノ」の危うさを知ってもらうことを第一の目的としている。そのため以降の章は、より深くカジノの光と影を学ぶための各論となっている。第２章ではカジノビジネス破綻の理由を、第３章では地方におけるカジノの問題を詳《つまび》らかにしていきたい。その上で、第４章のアメリカ、第５章のアジアの実例を通して、日本におけるカジノモデルを展望していく。さらに、筆者の専門外ではあるものの、第６章ではギャンブル依存症問題、第７章ではカジノ規制の可能性を探っている。

　筆者は金融研究者として、多重債務問題の原因としてのギャンブル依存症に触れ、そして投機的金融活動を象徴する「カジノ資本主義」のありようを研究してきた。カジノ研究のきっかけは、14年４月の「全国カジノ賭博場設置反対連絡協議会総会」の講演であった。以来、カジノ研究に没頭する日々であるが、ＩＲ型カジノは「成長戦略の目玉」どころか、日本社会破壊の最悪のビジネスモデルではないかという思いを深くしている。

　政府は15年の通常国会でカジノ法案の成立を目指しているが、カジノの経済的な危険性と、カジノビジネスに残された可能性を伝え、国民の議論の一考となれば幸いだ。

目次

第2章 カジノ構想は「成長戦略」にならない

第3章 地方を蝕むカジノ

第5章 アジアは「未開拓地」か……143

第6章 ギャンブル大国・日本の患者……171

本文内の円換算は、1ドル＝120円で計算。

カバーデザイン　華本達哉（aozora.tv）
校正　玄冬書林

第1章

カジノ推進論には反論できる

語るに落ちるカジノ推進論

政府はカジノのポジティブなイメージばかりを強調するが、世論を動かすことは簡単ではなかった。「特定複合観光施設区域の整備の推進に関する法律」（２０１３年12月国会提出、以下カジノ推進法案）が、成立確実と言われた14年秋の臨時国会で廃案となった。表面的には女性閣僚の不祥事による審議停滞と突然の衆議院解散が原因に見えるが、そもそも国民の強い反対世論が真の原因であった。

実際、朝日新聞、毎日新聞などどの世論調査も反対派が約６割であり、賛成派の約３割をダブルスコアで上回っていた。それをカジノ推進派は、反対派の執拗なネガティブキャンペーンの結果であり、国民のギャンブルへの否定的な先入観による誤解であると主張するが、そうであろうか。戦後の公営ギャンブル、何よりも「野放し」のパチンコでギャンブル大国と化している国民の実体験に基づく拒否反応ではないだろうか。

しかし、14年の総選挙では、自由民主党が選挙公約に「ＩＲの推進等による観光産業の活性化を通じ、国内消費の拡大を図ります」と初めて明記し、維新の党も「シンガポール型の統合リゾート（ＩＲ）を実現するための法制度を整備する」と公約に盛り込んだ。ただ、１９９９年の石原都政の「お台場カジノ構想」にさかのぼる日本のカジノ合法化の取組みは、国民世論の前にひたすら先送りの歴史でもあった。

なぜ日本において、刑法で禁じられたギャンブルを提供するカジノが、国民世論の圧倒的反対にもかかわらず、こうも執拗に繰り返し検討されているのだろうか？　カジノ導入議論における推進派の論点は５つに大別される。まず、これらの主張を順に見てみよう。

①統合型リゾート施設は家族みんなで楽しめる

カジノは世界約１２０カ国以上で認められており、認められていないのはＯＥＣＤ諸国（いわゆる先進国）のなかでは日本とアイルランドだけである。世界中の国で観光業の中核として、そして国民の娯楽の一つとして認められているカジノを禁止する日本は立ち遅れた国であるというわけだ。

実際、カジノ推進法案で示されているのは、「カジノ施設及び会議場施設、レクリエーション施設、展示施設、宿泊施設その他の観光の振興に寄与すると認められる施設が一体となっている施設であって、民間事業者が設置及び運営」する「特定複合観光施設」（ＩＲ）

である。「老若男女を問わず家族でも楽しむことができるテーマパーク、劇場、シネマコンプレックス、ショッピングモール、スポーツ施設、国際会議場、ホテルなどにカジノを含んだ複合施設であり、米国ラスベガスをモデルとし現在世界各地で導入が進められている」(＊1)ものだ。シンガポールのＩＲでも、カジノの専有面積は全体の5％以下でしかなく、カジノはＩＲの小さないち構成部分でしかないというわけだ。実際、シンガポールのマリーナベイ・サンズのＨＰではカジノの案内は全く掲示されず、空中プールやシアター、ショッピングモール、そして会議場施設の魅力が強調されている。

このように推進派の主張の一つ目は、ＩＲの魅力はその多彩な施設が提供する広範なサービスにあるとする。つまり、ＩＲの一つであるカジノもまた、「楽しみや気晴らし」というエンターテインメントの一つであり、「お父さんはカジノ、お母さんはショッピング、そして子どもはテーマパーク」というように家族みんなで楽しめる総合的なアミューズメント施設なのだ。

②カジノは日本最大の観光産業になる

二つ目は、このカジノを含むＩＲが、日本の国際観光業の目玉として、世界中からの観光客（ギャンブラー）を呼び込み観光収入を大きく増大させることだ。

なぜならば、占有面積は小さいが収益力の高いカジノのおかげで、収益性が低く単独では建設困難なＭＩＣＥ施設（Meeting＝会議、Incentive＝招待旅行、Convention＝国際会議、Exhibition＝展示会）やエンターテインメント施設の建設が可能となり、さらにはコストがかかる魅力的なショーなどの展開ができ、より大きな集客が国際的に実現するのである。

そして、ＩＲの魅力で誘引された客がカジノ周辺の観光を楽しむと同時に一部がカジノで遊ぶことでさらにカジノの収益が高まり、ＩＲの維持運営が容易になるという好循環が発生するとされる。また、国際会議等のビジネスで日本を訪れたビジネスマンの「アフターコンベンション」として大人の遊びを提供することで、日本の国際観光業の魅力を一層高めることになる。

製造業の衰退と輸出の停滞に悩む日本にとっては、国際観光客の「インバウンド」（来日）増大こそが成長戦略の中核となるのであり、最大の輸出産業として観光業の国際競争力を高めることは優先課題だ。そのためにも世界標準の「キラーコンテンツ」であるカジノは不可欠であり、カジノ合法化で国際観光客の多様なニーズに応えることで20年までの国際観光客２０００万人の実現が可能になるとしている。

③カジノ市場は巨大な利益を生み出す

三つ目は、ＩＲ型カジノの最大の魅力とされる。それは、国際観光業の中核として世界中から観光客を誘致することで実現する経済的利益の大きさである。

たとえば、香港の投資銀行ＣＬＳＡは、「東京・大阪の大都市、そして地方併せて12カ所のＩＲ開設で年間４００億（約４・８兆円）ドルの収益をもたらすカジノ市場が新たに実現する」（＊2）とした。ゴールドマンサックスは、東京・大阪・沖縄の３カ所だけで年間１兆５０００億円の収益が生み出されると推計する。このような魅力的な市場への１００億ドル規模の投資を表明するカジノ運営会社の来日も後を絶たない。

カジノ合法化がもたらす経済的効果の推計は過熱する一方だ。『週刊ダイヤモンド』は、「ＩＲ建設ばかりかカジノ内の部材を提供する日本企業やホテル、飲食店、ショッピングモールなどの付帯設備運営にかかわって2兆円の経済的波及効果が実現する」（＊3）としたが、みずほ総合研究所は「東京地区にシンガポールと同規模のＩＲ投資が行われれば、関東地区での経済的波及効果だけで約３・７兆円に達する」という試算を行っている。

さらには、IR施設の建設に伴う初期の投資効果に留まらず、その営業に伴う関連産業への経済波及効果、雇用、税収の発生による地域経済への貢献などは巨大な規模となる。その経済的利益はカジノ規制・監督費用やギャンブル依存症関連費用などの社会的コストを「総合的に上回ることが証明されて」おり、経済的利益を実現しつつ、そのコストを最小化する政策的選択が合理的というわけである。

④カジノ税収で地域が潤う

四つ目は、自治体財政の立て直しだ。カジノ合法化で生まれる新たな財源（カジノ収益への課税やライセンス料、ゲーム機器等への各種課税）によって、自治体の財政難を克服し、さらには学校施設への投資や高齢者等の福祉財源化、歴史文化施設の保護や振興策への支援が可能になる。

実際、アトランティックシティではカジノ収益への8％の課税等によって得た税収を社会福祉や地域再開発資金に充当している。米国ではカジノ収益で教育関係予算を賄うことで子ども達の教育にカジノが貢献しているというCMも流されている。もちろん州予算や市町村予算にそのまま配分している事例もあるが、米国ではもっぱらカジノからの税収が地域社会に大きく貢献していることが強調されており、日本でもこうした運用が望まれる。

⑤ギャンブル依存症問題は杞憂である

五つ目は、反対派が危惧するギャンブル依存症増大の心配はいらないということだ。カジノ合法化に伴う経済的・財政的メリットの一方で、否定しきれないのがギャンブル依存症者や犯罪の増加などの弊害の発生である。反対派の主張もここに主眼が置かれている。しかし、その弊害への対応の必要性を認めつつ、米国をはじめ先進的なギャンブル依存症対策や規制の結果、ギャンブル依存者の発生を最小限化することは可能となっており、さらにはその治療によってギャンブル依存症の治癒が可能になってきている。

カジノを非合法化することは、非合法化しても根絶できない、人間の本性としてのギャンブルという営みによるギャンブル依存者を「闇の世界」に放置することにつながる。したがってむしろ合法化することで、そこからの税収でギャンブル依存症対策を構築するほうがギャンブル依存症防止と依存者の救済につながるのである。また、リスクへの挑戦で成長を遂げてきた資本主義社会において、ギャンブルというリスクへの対処や管理について学ぶことは青少年のたくましく生きる力を養うことにもなる。

このようにギャンブルを「国家の厳格な規制監視及び管理下に置く」[*1]ことで、ギャンブル依存症の増大を最小化できる上に、ギャンブル収益への課税を通じて社会に還元することが可能という指摘である。

推進論の問題点が見えてきた

推進派の主張を見ていくと、まさに「魔法の杖」に見えるカジノ法案だが、一体何が問題なのだろうか。このようなカジノ合法化論が正しいとすれば、カジノ反対派は事実に基づかない先入観や特定の宗教観や倫理観または感情に基づいて、カジノを拒否するだけの非合理的で頑迷な人々ということになる。いつの世にでもいるリスクを伴う挑戦にしり込みし、社会の発展変化を阻害する集団というわけである。

では、ここからは、推進派の意見を一つひとつ検証してみたい。特に筆者の専門であり、カジノの最大のメリットとされる経済効果には、推進派が仕掛けたトリックが潜んでいることを明らかにしよう。

「カジノなしではＩＲが成り立たない」矛盾

ＩＲという響きのよい言葉だけを掲げ、カジノ隠しをするのが推進派の論法の一つだ。推進派は、提案されているのはＩＲなのだから、ＩＲの是非こそが問われるべきであり、カジノをことさらに強調するのは間違っていると主張する。

確かに、日本がモデルとするシンガポール型ＩＲはカジノを中核に据えた施設構成ではない。カジノはホテルのフロントやショッピングモール、エンターテインメント施設から離れた場所に設置されており、その点でカジノを中心にした施設展開がなされているラスベガス等の米国型ＩＲカジノとは違う。

しかし、ＩＲの面積の５％に満たないカジノが、シンガポールのＩＲ収益の８割近くを稼いでいるように、カジノの高収益があってこそ成り立つのがＩＲというビジネスモデルだ。それは推進派も認める現実である。「どのような規模のＩＲについてもいえるのは、カジノの潤沢な収益によって、通常なら採算性の低い施設をも余裕を持って運営できる」(＊4)とされるように、カジノの高収益があるからこそ巨額投資が必要なＩＲ施設を建設し、魅力的なエンターテインメントの提供など集客性の高いＩＲ施設の運営が安定的に行えるのだ。

ただし、この論理は、ＩＲ施設という巨大な「箱モノ」を建設・維持するためにはより大規模にカジノへの集客を行い、より巨額のギャンブル収益を稼ぎ続けなければならないことを意味している。第４章で詳しく見るが、そのようなＩＲへの巨額投資とその維持運営費の重圧による、カジノ経営におけるギャンブル収益極大化は、その経営に大きなひずみを生む。

たとえば、１００億ドルのＩＲ投資を数年で回収すると同時に高水準の収益率を達成しようとすれば、年間１兆円近いカジノ収益が必要だ。それは毎年10万円負ける客を１０００万人必要とする収益規模である。それを毎年繰り返し確保することは容易ではない。

それは決してＩＲの魅力に惹き付けられた客の一部がカジノで「遊ぶ」ことで成り立つビジネスモデルではなく、カジノ収益を元にした格安のサービスで集客した客をカジノで「刈り取る」ことによって成り立つものである。後述するように「コンプ」と呼ばれる価格サービスをＩＲ全体で提供することで集客するのがＩＲ型カジノであり、カジノはＩＲ施設の一部ではなく、ＩＲ施設の全てではカジノへの集客のために存在しているのである。

「客の負け」から生まれるコンプ・サービス

そもそも、ＩＲ型カジノはなぜここまで発展したのだろうか。ＩＲ型カジノの先駆け、ラスベガスは砂漠に囲まれた街であり、長期滞在型のギャンブラーを顧客とするため、巨大なエンターテインメント施設や会議施設、そしてショッピングモールを展開してきた。巨大投資による目を惹くモニュメントの建設や、ホテルごとの一流のショーの興行など、カジノ・ギャンブル以外のエンターテインメントの充実がラスベガスの魅力となっている。その結果、カジノ収益中のギャンブル収益比率は５割を切っており、ギャンブルの街から総合的エンターテインメントの街への転換に成功した。

しかし、そのラスベガスのＩＲ型カジノも現在大きな苦境に立たされているのが現実である（第４章）。リーマンショック以降の米国カジノ市場の斜陽化はラスベガスでも例外ではなく、ギャンブル収益の停滞の結果、ラスベガスのカジノ全体では大きな赤字を抱え込む事態となっている。巨大な投資の償還負担、一流のエンターテインメントの提供のコスト、そしてコンプと呼ばれる顧客サービスの負担が、ＩＲにおけるギャンブル収益の停滞をすぐさま大きな赤字に直結させるような経営構造となっているのである。

ＩＲ型カジノの特徴は、「施設全体で集客しカジノが刈り取る」点にある。決して、ホテル、レストラン、ショッピングモール、エンターテインメント、会議施設等のそれぞれの事業部門で利益極大化を追求していくものではない。あくまで高収益のギャンブルで稼ぐための「客集めの手段」としてのＩＲである。

実際に、ギャンブルでの賭け額の一定比率をポイントとして還元し、そのポイントを使って宿泊・飲食・娯楽等が無料または格安で利用できるコンプと呼ばれるサービスを展開している。このコンプを通じて客に還元される「客の負け金」は経費として収益から控除することが認められており、アトランティックシティの場合はカジノ収益の約３分の１がコンプに費やされている。

カジノでは多くの顧客を誘導し、ギャンブルを経験してもらい、そして少しでも多く賭けてもらい、その賭けを長時間継続させていくことが収益増大の手法になる。そこで、賭け額の大きさに基づいて顧客に還元されるコンプ・サービスはより多くの賭けをし、かつ負けた場合でも「満足感」を与える誘導策として重要な役割を果たしているのである。その最たるものが、専用機による送迎から滞在中の費用の一切をカジノ側が負担する、「ホエール」と呼ばれるようなＶＩＰに対するコンプ・サービスの提供である。

カジノの提供するギャンブルは、スロットマシンからテーブルゲームに至るまで同一のギャンブルである。ルーレットはルーレットであり、ブラックジャックはブラックジャックである。この点において欧州型も米国型も同じカジノと言える。しかし、収益極大化を目指した競争が行われる場合、ギャンブルという「同一商品」ゆえに、顧客の選択はカジノの利便性（距離等）と快適性、そしてコンプ・サービスのレベルに左右されることになる。特に、カジノ間のコンプ・サービス競争の比重は高く、どのカジノ企業においても、このコンプに費やされるカジノ収益の比率は３割前後という高水準となっている。

　このようなコンプ・サービスで集客された顧客が、ＩＲ型カジノ以外で飲食やショッピング、そして各種娯楽を楽しむということは基本的に極めてハードルが高いだろう。コンプで集めた顧客を囲い込むことがＩＲ型カジノのビジネスモデルにほかならない。またＩＲ型カジノ周辺の商店やレストラン等が、このようなコンプ・サービスに対して「対等な価格競争」を行うことは極めて困難である。

カジノは「大数の法則」で儲ける

　ＩＲは、「米国ラスベガスをモデルとし現在世界各地で導入が進められている」[*1]とされるように、そこで運営されるカジノは米国型の商業カジノであった。米国ではこのカジノは、典型的な「略奪的ギャンブル」(predatory gambling) といわれ、ビンゴや宝くじといったギャンブルと比べてもギャンブル依存症に誘導する危険性が非常に高いものだ。

先にも述べたように、米国型カジノは収益極大化を目指すため、①時計も窓もない空間や刺激的な音楽等の演出で独自の陶酔空間(ゾーン)を作り出し、②短時間で繰り返し可能な賭けを長時間延々と続けさせ「大数《たいすう》の法則」を実現し、③大金を得る快感と失う喪失感を交互に味わわせることで脳内に物質的依存症と同じ状態を作り出す、「有り金が無くなるまで賭けさせる」テクニックを凝縮させたものだからである。

たとえばルーレットでは0と00のます目がカジノ企業側(胴元の取り分)であり、理論的には5・4%の確率で胴元が勝つ。もちろん短期的には同じます目が続くこともあるが、回数を重ねるごとにそういう偏在が平均化され胴元の5・4%分の勝ちが確保されていく。

これを「大数の法則」といい、要するにカジノは、24時間営業で顧客に延々とギャンブルを続けさせることに成功すればするほど、確実に顧客が負け、胴元が儲かる仕組みなのである。カジノ収益はいわばギャンブル依存状態のギャンブラーにその多くを依存するため、カジノはギャンブル依存状態に顧客を意図的に誘導する手法を駆使することになる。

また、賭けられる金額が桁違いに大きい。シンガポールのカジノでは一般のフロアーでも高額テーブルでは1回の賭け額が最低３００シンガポールドル（約2万4０００円）、上限30万シンガポールドル（約２４００万円）である。個室が用意されるＶＩＰ客はこれ以上の賭け金額であり、大王製紙前会長の井川意高《もとたか》氏が著作『熔ける』（双葉社）で語ったように、何十億円もの勝ち負けが生じる世界である。

　スロットマシンでも最低賭け額にかかわらず、最低単位（たとえば1セントのスロットでも最低単位が20単位なら20セントから）があり、さらに4秒サイクルで賭けが続けられることで、長時間の負け金額が大きくなる。

　カジノは、胴元の取り分は確保しつつ、偶然性に賭けさせることで顧客にその経験や技術とは関係なく「平等に」勝つ快感と負ける喪失感を交互に味わわせる。その快感と喪失感は、賭け金額の大きさに比例して大きくなり脳に刻み込まれていく。それが長時間に渡って繰り返されることによって「勝っても負けてもやめられない……ジリジリ焼けつくような感覚」の虜になる依存症状態へと導かれることになる。カジノは、パチンコと比較しても桁違いの刺激（勝った快感）を与え、負けた喪失感を脳に刻み込むギャンブルなのである。こうした仕掛けに絡めとられたギャンブラーの資産が、カジノの利益になるのだ。

「カジノの経済的利益」が止まらない

カジノ合法化の最大の論拠は、それがもたらすとされる経済的利益の巨大さである。確かにカジノ産業とその関連産業だけをみれば大きな利益や経済的効果が発生し、関連した雇用と税収も生まれる。

しかし、ギャンブルという「サービス商品」自体は、賭けを通じた金品の移動でしかなく、新たな産出物や付加価値をもたらさない「ゼロサム」の営みである（第2章）。また営利極大化を目的に行われるカジノのギャンブルは、カジノ企業側が確実に儲かる商品設計となっており、顧客側が賭けに熱中すればするほどほぼ全員が負ける仕組みであり、顧客を貧しくすることで成り立つビジネスである。

しかも推進派の議論は、カジノの短期的経済的利益だけを一面的に誇張して、その社会的犠牲やコストを踏まえた総合的評価など、政策判断において踏むべき基本的な「アセスメント」を無視したものとなっている。

たとえば、カジノ合法化による経済的利益の推計については、近年誇張の度合いが高まっている。先に書いた経済効果3・7兆円という数字はまさにその問題を表している（第3章）。推進派によれば、経済的効果の推計は、どの程度の顧客が訪れ、平均的にどれぐらいのギャンブル消費を行うかという推計を積み重ねた需要アプローチと、建設されたカジノの規模に応じてギャンブル消費や関連需要が発生すると推計する供給アプローチがある。

推進派の初期の推計は需要アプローチによるものが多く、概してその経済効果の規模は数百億円規模と小さい。米国等でのカジノの実績に基づいて推計すれば、お台場カジノの場合でも経済波及効果は740～1400億円程度であり、構想の候補地の最有力の一つ、大阪市臨海カジノの場合でも700億円程度である。

ところが、これが近年主流の供給アプローチになると、シンガポールと同規模のIR型カジノが建設されれば9000億円近い投資により関東地区だけで3・7兆円の経済的波及効果が生まれるというまさに「桁違い」の期待がばら撒かれることになっている。後者の場合は、アジアにおけるIR過剰の市場分析を全く欠いた外国人客への過剰な期待に基づくものであり、日本人のカジノ漬けを大規模に行わないと成り立たない推計値となっている。

実際、カジノ合法化で想定される市場規模（収益）でみれば、表1-1に見るように400億ドル（約4・8兆円）とも言われるカジノ市場の規模はパチンコの約3・9兆円を

表1-1　日本のギャンブル市場の規模

単位：億円

種類	年間粗利
パチンコ	39,000
ＪＲＡ中央競馬	5,675
宝くじ	5,524
競艇	2,109
競輪	1,587
地方競馬	833
toto	515
オートレース	215
合計	55,458

出典：大阪商大アミューズメント産業研究所・藤本光太郎資料より作成したもの
（竹腰将弘ほか『カジノ狂騒曲』新日本出版社、2014年）

含めた日本のギャンブル市場５・５兆円をほぼ倍増させることになる。はたしてこの数字をメリットとして受け取っていいのだろうか。注目すべきは、この試算を達成するために必要な、「一人当たりのお金」だ。この年間約４・８兆円のカジノの収益規模は、成人１億人が毎年４・８万円をカジノで「負ける」ことを必要とするのであり、それは日本人のギャンブル漬けを一層深刻化させるものではないか。

カジノ合法化の経済的利益の「フレームアップ」の一方で、その社会的犠牲や社会的コストの発生を極めて軽視した論法が推進派の特徴となっている。しかしカジノ合法化を行ってきた諸外国では、カジノが経済的利益をもたらすだけではなく、ギャンブル依存者増大による社会的犠牲や経済的被害を発生させることが明らかとなってきた。その結果、米国では90年代のカジノ合法化の拡がりを受けた「全米ギャンブル影響度調査委員会報告書」（99年）が、カジノに関する政策決定はカジノの利益と費用の総合的評価を踏まえて行われるべきと勧告した。

09年には、米国ニューハンプシャー州でカジノ合法化を審議するに当たって「ゲーミング研究委員会」を設立し、カジノ合法化による利益と費用の総合的評価に関する調査研究を行わせた上で議会での議論を行っている。日本においても、カジノ合法化の是非を議論する前提として、まず政府が責任を持って科学的なギャンブル実態調査を行って、正確な情報に基づいて国民的議論を行うことが最低限必要であるが、現在の推進論はこの基本的なアセスメントを欠いたものとなっているのである。

ギャンブラーは「ハイテク」に狙われる

統計上で見れば、カジノでギャンブル依存症になるのは、病的・問題ギャンブラー併せて2、3％程度であり90％以上は「健全」にギャンブルを楽しんでいるのかもしれない。しかし、自分の予算や賭け回数・時間などを自己コントロールしている健全なギャンブラ

表1-2　ギャンブルの自己管理の困難性

単位：%

	計画以上に賭けてしまう		
	長時間	金額	頻繁に
TOTO	4.6	4.7	3.8
4D	4.9	4.8	3.8
スポーツ	11.8	10.5	10.5
競馬	21.3	14.9	0.0
IR　スロット	19.1	14.4	10.1
IR　テーブル	26.5	23.5	21.3
オンライン	30.4	33.3	29.2
平均	5.0	5.1	4.0

出典：NCPG“Report of Survey on Participation in Gambling Activities among Singapore Residents”(2011)より作成

表1-3　各ギャンブルのリスク率

	クイーンズランド州	ビクトリア州
スロットマシン	6.9	13.5
テーブルゲーム	2.1	1.8
競馬	1.4	0.6
宝くじ	1	1

出典：オーストラリア政府生産性委員会報告「Gambling」(2010)
注：宝くじの問題ギャンブラー発症率を1とした場合の各ギャンブルのリスク率を示したものである。

ーもまた、常に病的・問題ギャンブラーに陥る危険性にさらされ、かつ「誇大商品」の犠牲者となり生活を困窮化させている顧客にほかならない（第7章）。病的ギャンブラー等の診断基準は、依存症状態に陥っているギャンブラーの把握には有効であるが、それはその他のギャンブラーを何の問題も抱えていないギャンブラーとして「免罪」するものではない。

ギャンブラーは、そのギャンブル経験（頻度・継続時間・賭け金額）の密度が高まるほど依存症になる可能性が増えていくのであり、やはりギャンブルは有害商品というべきである。現在日本で想定されているＩＲ型カジノの規模は、このような「有害商品漬け」に全国民を追いやることを意味すると言っても過言ではない。

実際、シンガポール市民の「ギャンブル参加度調査」（表1‐2）を見ると、「計画以上に長時間賭けを続け」、「大金を賭け」、「頻繁にカジノに足を運んでしまう」と答えた比率が、宝くじと比べると3倍以上となっている。またオーストラリア政府の調査（表1‐3）では、スロットマシンの危険性は競馬や宝くじと比較しても5倍以上とされる。同政府報告書では、「ポーキー」と呼ばれるポーカーを利用したスロットではそれを毎週行う常習者の約15％がギャンブル依存者であるとする。そして、ギャンブルが依存症を引き起こす危険性は、ギャンブルの継続時間、賭け回数の密度、カジノ訪問回数、そして賭け金額の大きさによってもたらされるのであり、その有害性を低めるためにこれらの規制の必要性が提言されている。

カジノのギャンブルは、知人や家族間で行われる賭けや、宝くじや競輪・競馬などの公営ギャンブル、またはパチンコと比べても、明らかにギャンブル依存症に誘導する有毒性の高いギャンブルである。

それでも推進派は、上流階級の社交場としての欧州型カジノを引き合いに出して、「大人の遊び」は個人の責任において保障されると主張する。しかし欧州におけるカジノが「大人の遊び」として自己管理・責任に完全に委ねられているわけではない。英国においては長年会員制が原則であったし、カジノに認められるテーブル数やスロットマシン数は厳しい規制のもとにおかれていた（第７章）。このような規制は高収益の確保を必須とするＩＲ型カジノには通用しない。

14年８月には、日本のギャンブル依存症者が成人の４・８％（男性８・７％、女性１・８％で約５３６万人に相当）という調査結果が発表された[*5]。このギャンブル依存症者の８割はパチンコが原因とされるが、競輪・競馬等の公営ギャンブルとパチンコで日本はすでに世界有数のギャンブル大国であり、かつ極めて高水準のギャンブル依存症率となっている。このような状況下で、安易な賭博施設の増加は許されない。そしてＩＲ型カジノは利益極大化を目指し、ギャンブラーを「有り金無くなるまで賭け」続けるように「ハイテク」を駆使して射幸心と陶酔感を煽りたてる究極のビジネスモデルなのだ。

「一攫千金」は「娯楽」ではない

推進派は、カジノが提供するギャンブルは娯楽の一種でしかないという。スポーツ観戦やコンサート・劇場での音楽や演劇と同じように日々の疲れを癒し、現代社会のストレスからしばしの解放感を与えてくれる非日常的な娯楽を提供するというわけだ。

さらには、カジノ・ギャンブルを、競輪・競馬などの公営ギャンブルやパチンコと区別せず、米国型カジノと、貴族の社交の場として発展してきた欧州型カジノを同一視する。このように推進派の論理は、カジノを娯楽の一種やギャンブル一般、カジノ一般の議論に還元することで、米国商業型カジノの独自性を意図的に否定することを大きな特徴としている。

またカジノで顧客は、ルーレットやトランプなどのゲームを楽しむのだから、ギャンブルではなくゲーミングだと言い張るが、ギャンブラーは、カジノでブラックジャックやポーカーなどのトランプの勝ち負けを純粋に楽しむわけではない。ルーレットの玉の行方を純粋に楽しんでいるわけでもない。ゲーム自体の楽しみが目的ならば、ディズニーランドのように入場料を取って、中で純粋にゲームを楽しめるようにすればいい。

しかしギャンブラーは、ゲームの偶然性に対して金品を賭けることで「一攫千金」を得ることを目的としてゲームを行うのである。ゲームは賭けの手段であり目的ではない。金品獲得を目的とした賭け行為をギャンブルというのであり、ギャンブルをゲームに言いかえることはその本質を隠す行為にほかならない。

賭けによる金品の獲得や喪失は、勝った喜び、負けた悔しさという興奮をもたらす。それ自体はギャンブルの娯楽性とも言えるが、カジノは客がほとんど負けて終わるように商品設計されたギャンブルを提供するビジネスである。実際、インターネット・カジノのデータによれば、顧客中黒字を維持しているのは11%にすぎず、賭け金額の累積が大きくなるほど黒字維持の顧客は減少し、賭け額上位10%での黒字維持客の比率は5%に低下するという(*6)。「ギャンブルに参加する人は『勝ってお金を儲ける』ことを目的とするにも関わらず、結果的にはほぼ確実に『お金を失ってしまう』という矛盾する現実を体験する(*7)」の

表1-4　ギャンブルの有害性の認識

地域社会の社会生活を改善しなかった	全成人	72%
	非ギャンブラー	83%
	ギャンブラー	69%
スロットマシンは地域社会には良くなかった	全成人	72%
	非ギャンブラー	83%
	ギャンブラー	68%
概してギャンブルは地域社会に有害だった	全成人	77%
	非ギャンブラー	85%
	ギャンブラー	75%

出典：オーストラリア政府生産性委員会「Gambling」(2010年)
注：ビクトリア州の調査の事例である。

が米国型商業カジノのビジネス手法なのであり、まさに顧客を貧しくすることで儲けるビジネスなのである。

　このようにカジノ・ギャンブルは、勝った喜びではなく負けた喪失感と悔しさで終わる行為である。その負けは財産の喪失、家庭崩壊などの自らの人生の破壊で終わることも多い。表1－4に見るように、ギャンブルの経験の有無にかかわらずオーストラリアでは7割以上の人々がギャンブルの有害性を認識している。

　さらに、ギャンブルを肯定的に捉えているギャンブラーの比率はわずか12・1%にすぎず、「これは、生活に楽しみを与えるのが目的である娯楽商品としては驚くべき発見である」（＊8）と指摘している。ところが、カジノ議論においてこうした有害性は決して検討されることはないのである。

合法化してから考える人々

カジノ推進法は、プログラム法と言われ、まずはカジノ合法化を認めさせた上で、具体的な「法律案及び政令案の立案」を政府の「特定複合観光施設区域整備推進本部」に委託し、認可されるカジノの具体的内容や規制体制、カジノ合法化が日本社会にもたらす影響評価、ギャンブル依存症増加への対策などを決定していく。そこには合法化の是非に関する慎重な国民的議論の余地はほとんど与えられていない。

確かに、法案にはギャンブル依存症対策も含めて適切な措置を取ることが明記されているが、具体的な内容が不明なため、検証や検討もできないままに、その対策の有効性を前提としてしまっている。たとえば、日本人のカジノ入場の規制策の一つに挙げられる「カジノ入場料の徴収」については、シンガポールでの導入において逆効果の発生を認めざるを得ない状況になっている。つまり、初めに入場料という負債を背負ってしまっているので、それを取り戻すためのギャンブル行為が加速してしまうのだ。

その後、この入場規制については、一旦盛り込んだ提案が「それではIRの採算が成り立たない」という理由で撤回され、「合法化ありき」が如実なものとなっている。このように極めて重要な規制や制度のあり方についての内容の基本すら定まっていない現状で、「とにかく2020年の東京五輪にIR整備を間にあわせよう、という安直な発想で、依存症の人や犯罪の増加など、カジノの『負の側面』に正面から向き合おうとしないのは、極めて問題である(*9)」と、アベノミクス推進派の読売新聞まで言わざるを得ない杜撰《ずさん》な状況なのである。

ギャンブル依存症者を増大させるカジノ合法化が、まずは「開設ありき」の姿勢で進められようとしていることは、検証を行えないという点で大きな問題だ。

カジノ・ギャンブルは依存症を引き起こすことで心身を病み、経済的に破綻し、家庭崩壊や犯罪など様々な結果を誘発していく。その行いは、麻薬が一種の快感を与えたとしてもそれを娯楽と呼ばないように、有害な行為でしかない。こうした負の側面に向き合わない合法化への歩みは決して許されない。

第2章

カジノ構想は「成長戦略」にならない

「成長戦略の目玉」としてのIR

第１章ではＩＲ型カジノが負のビジネスモデルであることを見てきた。では、マクロの視点に立ったとき、そこに成長戦略としての希望は見出せるのだろうか。

安倍首相は２０１４年５月末のシンガポール訪問時に２つのＩＲを訪問し、「ＩＲは成長戦略の目玉になる」と言明した。それを受けて「日本再興戦略改訂版」（14年６月）には「統合型リゾート（ＩＲ）については、観光振興、地域振興、産業振興等に資することが期待されるが、その前提となる犯罪防止・治安維持、青少年の健全育成、依存症防止等の観点から問題を生じさせないための制度上の措置の検討も必要なことから、ＩＲ推進法案の状況やＩＲに関する国民的な議論を踏まえ、関係省庁において検討を進める」という一文が付記された。ＩＲ型カジノが成長戦略として機能するという場合、「インバウンド」と呼ばれる国際観光客の来日を増大させる目玉として位置付けられているのである。

政府は来日観光客数について２０２０年までに２０００万人、２０３０年までに３０００万人を目標としているが、その外国観光客の消費額は平均17万円であり、約７・２人で日本人一人当たりの国内観光消費額に相当するという。ＩＲ型カジノ開設で増大した外国人観光客のギャンブル消費に留まらない観光消費を増大させることで観光サービス輸出による「外貨取得」で国内需要の拡大が実現できるというわけである。

しかし、ＩＲ型カジノは外国観光客専用での営業が予定されているわけではない。むしろメインのターゲットは富裕層を中心とした日本人となっている。ともあれカジノ合法化という規制緩和によって、国際的ギャンブル市場という新たな市場が生まれることで、そこから関連産業への経済的波及効果が派生し、かつ大きな雇用・所得と誘致自治体への税収などが期待できるというものである。

カジノ合法化でどれぐらいの規模のギャンブル市場が生まれるのかについては、前述したように様々な推計が飛び交っている。たとえば東京・大阪の他に沖縄など地方都市10カ所にＩＲが設置された場合、東京と大阪が各80億ドル、地方都市1カ所で24億ドルの合計で年間４００億ドルの収益が毎年生まれるという推計(＊2)だ。

日本がモデルとするシンガポールの２つのＩＲが合計で約41億ドル、さらに韓国の16カ所の外国人専用カジノの合計が13億ドル、自国民向けのカンウォンランド1カ所で13億ドルの合計26億ドルであることを考えれば、米国とマカオに次ぐ巨大なカジノ市場が生まれ、その経済的効果は日本経済を浮揚するに十分な規模となるというわけである。しかし、その議論ではギャンブルの経済的性格がないがしろにされていると言わざるを得ない。

カジノ資本主義は「ゼロサム」

「カジノ資本主義」という言葉から、ギャンブルの経済学的な性質が見えてくる。まず確認されるべきは、ＩＲの収益エンジンとしてのカジノ収益は、ギャンブルを通じた金品の移動であり、顧客の負け金とカジノ側の勝ちを相殺すればゼロになる「ゼロサム」の経済活動であるということである。

ノーベル経済学賞（１９７０年）を受賞した経済学者ポール・サムエルソンは、かつて標準的な経済学テキストとして評価された『経済学』において、農業生産物に対する投機的活動はリスク分散や価格の適正な形成に大きな役割を果たしているがギャンブルはそうではないとして、ギャンブルの経済学上の２つの欠点を指摘している（＊10）。

すなわち、第１に「賭け行為は個人どうしのあいだの貨幣のまたは財貨の無益な移転にすぎないという場合がある。それは何の産出物も生まないのに、しかも時間と資源とを吸い上げる。レクリエーションの限度をこえて行われる場合には、賭け行為は国民所得の削減を意味するだろう」ということであり、第２に賭け客がほとんど負ける結果になることで「所得の不平等と不安定性を助長する傾向をもつ」というのである。

サムエルソンは、「職業的に経営される賭け行為はどれでも、実際に賭けをする人が差引き損をするようになっている」として、「友人どうしのあいだで行われる適度の賭け行為」（レクリエーション）と区別している。「レクリエーションの限度を超えて行われる場合には、賭け行為は国民所得の削減を意味するだろう」とは、職業的に行われる賭け行為であるカジノが該当する。サムエルソンのギャンブルの基本的理解は、何の有益な産出物も生まない個人間の貨幣の移転であり、そこに有用な経済的資源が費やされる点において国民所得の低下をも生み出すものであり、客側が必ず負けるようになっていることで所得の格差拡大を助長するというものである。

経済活動は、新たな生産物等の富を生み出す生産的経済活動と、それらの富を消費する非生産的経済活動に区分される。たとえば、小麦を生産する農家から小麦粉を製粉する企業に小麦が売却され、さらにその小麦粉が製パン企業に販売され、最終的に消費者にパンとして販売される経済活動においては、それぞれの取引は次の生産活動を支え、そこで付加価値が加わった新たな生産物が生み出されていく。

このような生産的経済活動に対して、カジノが販売するギャンブルの消費はその買い手による新たな経済活動につながるものではない。英国の国際政治経済学者スーザン・ストレンジが、金融資産の価格増減による利益の発生は結局投資家間の資金移動でしかなく、新たな富を生み出さない非生産的経済活動であるとして、このような投機的活動が支配的な資本主義を「カジノ資本主義」と表現した理由である。

はたして、「カジノ資本主義」のような新たな富を生み出さない「ゼロサム」の非生産的な営みが、日本の成長戦略を担えるのだろうか。

カジノの弱点・カニバリゼーション

もちろんカジノ・ギャンブルという「サービス商品」を生産（提供）するためには、カジノ施設の建設やゲーム機器などへの需要が発生し、施設の運営・保守管理やゲーム操作を行うディーラーやレストラン、ショップ等の従業員などの労働力を必要とする。この側面では需要と所得を生み出し、一定の経済的波及効果を生み出す実体のある経済活動であり、カジノ産業全体が「虚業」というわけではない。

しかし、ギャンブルの生産という非生産的活動に大量の労働力や様々な経済的資源が投入されたとしても、それは実体経済の効率性を高め、様々な富の生産を通じて人々の生活を豊かにするものではない。むしろギャンブルに消費される時間や経済的資源を増やすことで、経済全体の生産性を低める結果となる。

さらに、カジノ・ギャンブルは賭けを通じたポケットからポケットへのお金の移動でしかないということは、カジノ側の利益の裏返しとして、ギャンブルで所得（購買力）を失った側に損失が発生するということを意味する。実際、米国では、カジノ開業により既存の宝くじなどのギャンブル売上や周辺地域での消費減少といった「カニバリゼーション」（共食い）が発生することが広く認識されている。

米国ではカジノの経済的影響については、①地域外からのカジノ客獲得によるギャンブル消費やその他宿泊・飲食等の消費による「目的地効果」（デスティネーション効果）、②地域外のカジノを利用していた住民が地域内のカジノを利用することによる所得流出の阻止による「再獲得効果」（リキャプチャー効果）、そして③地域内の住民のカジノ支出の増大の結果、地域内の他の経済活動や消費に対する支出が減少することによる「代替効果」（サブスティテューション効果）が指摘されている。この「代替効果」がいわゆるカニバリゼーションと呼ばれるカジノの経済的影響である。

要するに特定の経済圏（国または地方自治体等）内の顧客によるカジノ・ギャンブルは、その経済圏内での所得の移転でしかなく、カジノの繁栄はその周辺の経済活動を犠牲にしたものというわけである。

米国においてカニバリゼーションの規模については、産業構造や地域特性で差があり様々な推計が行われている。たとえば、表2-1に見るようにニューハンプシャー州では、州内を5つの地域に分け、隣接するマサチューセッツ州からの顧客が期待できる南部や、州外からの顧客が期待できない北部などでのカジノ開設の州財政への影響を推計した。

その結果、カジノ収益への60％近い「代替効果」（共食い）で地元の消費が落ち込み小売業や飲食店が淘汰されるため、カジノが創出する雇用増の70％に相当する失業者が生まれる地域が存在すると推計している。カジノからの税収増の一方で、既存の宝くじ等からの税収減やギャンブル依存症者関連の社会的コストや州財政の負担の結果、期待された効果は少なく、さらに州財政にとって負担増となる地域が発生するというのである。

日本でも多くのカジノによる経済的波及効果の推計がなされているが、それはこのカニバリゼーションを無視した一面的な推計となっている。たとえば、大阪市におけるカジノの経済的波及効果の推計（表2-2）では、カジノ収益約3670億円は周辺60キロ圏内に居住する1500万人中92万人が毎年カジノで一人4万円負けるという計算の結果である。カジノによる飲食・宿泊や関連産業への経済波及効果を含めると総額で約7080億円に達するとされるが、これは裏返せばカジノ周辺60キロ圏内の住人から約3670億円の所得を

表2-1　ニューハンプシャー州：カジノと地域への影響

単位：ドル

	南部	南西部	レイク地方	スキー地方	北部
カジノ来客数	1,410,852	303,683	333,855	531,943	55,877
カジノ収益	597,818,711	104,256,292	119,193,764	178,892,012	18,290,099
税収（39%）	233,149,297	40,659,954	46,485,568	69,767,885	7,133,139
宝くじへの影響	(21,655,088)	(3,294,553)	(8,609,944)	(4,384,998)	(902,813)
飲食・宿泊への影響	7,167,079	1,389,758	183,438	2,752,638	149,550
マサチューセッツ州 カジノ合法化の影響	(70,055,424)	(7,892,227)	(3,990,405)	0	0
州の純税収	148,605,864	30,862,932	34,068,657	68,135,525	6,379,876
カジノ雇用（間接含む）	3,232	3,164	3,164	3,164	3,164
既存雇用の喪失	(970)	(949)	(1,582)	(2,215)	(2,215)
90分圏内ギャンブラー推計	220,075	41,838	95,708	61,584	11,996
病的・問題ギャンブラーの発生	14,252	2,348	7,025	2,100	1,719
上記1人当たり費用	4,214	7,013	4,780	7,418	5,564
規制費用	6,477,558	6,477,558	6,477,558	6,477,558	6,477,558
健康保険局治療費用	3,735,504	1,771,718	2,541,872	1,733,621	1,460,147
非治療政府負担費	12,137,652	2,000,881	5,982,260	1,792,357	395,794
非治療社会費用	37,705,912	6,218,295	18,582,252	5,577,152	1,230,676
総社会費用	60,056,626	16,468,452	33,583,942	15,580,688	9,564,175
うち政府負担	22,350,714	10,250,157	15,001,690	10,003,536	8,333,499
純税収－総社会費用	88,549,238	14,394,480	484,715	52,554,837	(3,184,299)

出典：NH Gaming Study Commission Final Report, May 18, 2010
注：5億ドル投資規模の大規模カジノ（テーブルとVLTｓ両方提供）の場合の推計

表2-2　大阪市:カジノの経済的波及効果

単位：人、億円

	大阪市臨海地域	堺市臨海地域
60キロ圏内の成年人口	15,555,873	14,485,727
予想カジノ入場者数	916,653	811,266
カンウォンランド基準のカジノ消費額(一人)	40000円	40000円
カジノ消費額	366.7	324.5
食費その他	48.9	43.1
カジノ施設消費額	415.6	367.6
上記経済波及効果	708.2	626.8
大阪府の税収(ゲーミング税20%)	83.1	71.9

出典：大阪商業大学アミューズメント産業研究所『カジノ導入をめぐる諸問題〈2〉』

カジノが吸い込むことを意味している。

カジノによる約７０８億円のプラスの経済的波及効果の一方で、周辺自治体では市民の所得がカジノに吸収された結果、地元での消費や税収が減少することでマイナスの経済的波及効果が生まれることになる。このマイナスの経済的波及効果を無視して、プラスの経済的波及効果のみを強調するのは、カジノの経済的影響の一面的な評価でしかない。

日本におけるカジノの経済的効果の推計は、表２－３に見るように一定の投資や消費による需要増加（直接効果）が、その地域の産業連関表に基づいて、新たな生産を誘発（第１次間接効果）し、さらにその生

表2-3　経済波及効果の流れ

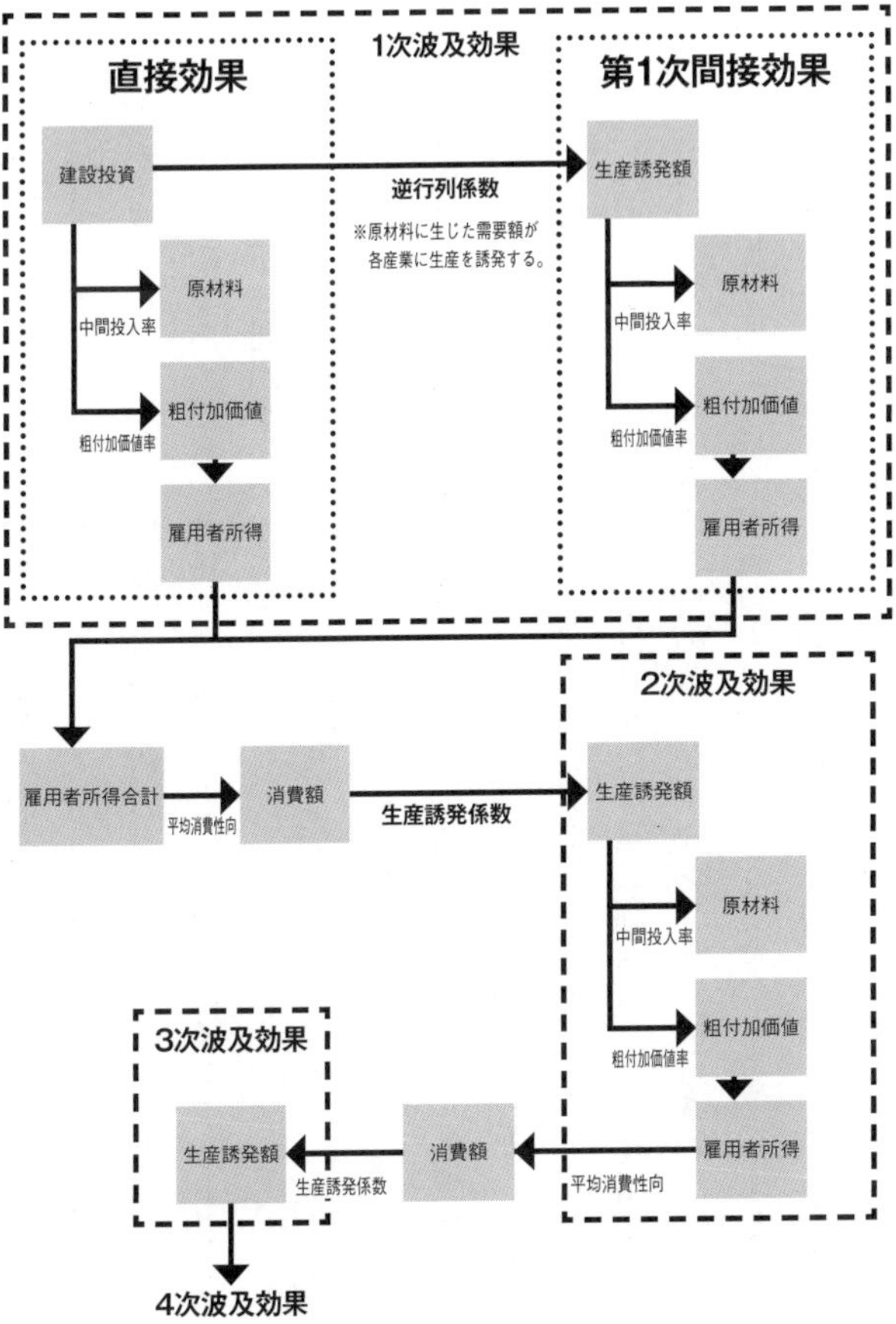

以下、生産誘発額が0になるまで続いていく。

出典：福井県政策統計・情報課ホームページ

産増加で労働者の所得が増えることで起こる新たな消費の誘発（第２次波及効果）を計算することで行われている。たとえ、大阪でのカジノ開設の経済効果７０８億円（直接効果＋第１次&第２次波及効果）が周辺地域からの購買力（需要）を吸収した３６７億円によって生み出されたものであっても、計算モデルそのものは最初にインプットされる需要が何を源泉にしたものかは問わないのである。

そのためプラスの経済的波及効果は推計されるが、カニバリゼーションの発生に伴う周辺のマイナスを考慮すれば、マクロ経済的にはゼロサムとなる。

それでも推進派は国内の富裕層や高齢者の貯蓄等の資産がギャンブル消費に向かった場合は、カニバリゼーションは発生せずプラス効果は発生するという。しかしそれは将来使われるべき貯蓄や資産の「先食い」であり将来の消費を減少させることになる。いわば「時間軸上のカニバリゼーション」であり、やはり新たな富（購買力）を生み出すものではない。逆に恒常的所得を失った高齢者の老後の蓄えがギャンブルに消費された場合、生活困難な高齢者世帯の増加を通じて社会保障負担の増加を招くことになると言える。

日本で認可自治体のみにカジノ開設を認めた場合、周辺自治体は住民の所得をカジノのある自治体に吸収され、カニバリゼーションにおける「食われる側」に追いやられることになる。そして後述するような社会的コストのみを負担させられる事態となる。それは地域間格差を拡大し、東京や大阪などの大都市部に大規模なカジノができれば、大都市部への一極集中を促進することになるのである。

「4・8兆円」を生む唯一の方法

それでも、カジノが国際観光業として活躍してくれれば……というイメージはあながち間違いではない。カジノがカニバリゼーションを回避して日本経済全体としてプラスの経済的効果をもたらすかどうかは、前述の目的地効果と再獲得効果の程度に依存することになるからだ。米国ではカジノ顧客の「50％以上が州外からのギャンブラーでない場合は、州経済に対してはマイナスの影響を及ぼす（*11）」という指摘もされている。

推進派は、日本におけるカジノ合法化で韓国やマカオそしてシンガポール等での日本人ギャンブラーのギャンブル消費が日本に戻ってくると主張するが、マカオとシンガポールのカジノ収益のほとんどは中国人ギャンブラーによるものである。また、日本人ギャンブラーの比率が高い韓国でも外国人専用カジノ16カ所の収益は合計13億ドルにすぎない。日本のカジノ合法化による「再獲得効果」は予想されるカジノ収益規模の数％にすぎないと考えるべきだろう。

結局、４・８兆円とも言われる巨大なカジノ市場がカニバリゼーションを回避しつつ成立する鍵は、シンガポールのＩＲがモデルとされるように外国人客をどの程度獲得できるかにかかっている。シンガポールは、外国人客にターゲットを絞り、地元市民へのカジノの広告宣伝やバス等による送迎サービスの提供を禁止し、市民からは入場料として一日券１００シンガポールドル（約８０００円）、年間券２０００シンガポールドル（約16万円）を徴収し、かつギャンブル依存症の危険性の啓蒙《けいもう》活動を行うことで極力市民参加を抑制しようとしている。

その結果、カジノ入場者における地元市民比率は25～30％に留まっているとされる。シンガポールの観光客はＡＳＥＡＮを中心としたアジア・オセアニア地域からの観光客が85％で、日帰り客が23％を占めるように、東南アジアや中国南部からのギャンブル客の誘致に成功している。またマカオでは、大陸との陸続きという条件等を活かして観光客の約３分の２を中国人が占め、香港・台湾を併せれば９割が中国圏であり、日帰り客は52％にのぼる。このようにカジノ客のほとんどが国外客である場合は、カニバリゼーションを回避し、マクロ経済的にもプラスの経済的効果は発生すると言える。

しかし、島国である日本にはシンガポール等のような地の利は乏しく、ＩＲ型カジノの顧客は圧倒的に国内客が占めると予想される。その一方で、東京と大阪は空港の利便性ゆえに中国北部のギャンブル客の獲得が有望とされる（＊2）。東南アジアはシンガポール、中国南部はマカオが押さえているが、中国北部のギャンブル市場は空白地帯というのである。

同様に、ゴールドマンサックスは東京と大阪で約１兆５０００億円の収益を推計するが、顧客の３割を外国人客が占めると予想する根拠は、中国北部のギャンブラーの６割を日本のＩＲ型カジノが獲得できるという前提である。注目すべきは、このようにアジアギャンブル市場の空白地帯の「需要」の大半を日本のカジノ市場が押さえると想定しても、東京・大阪ですら外国人ギャンブラーの消費額は３割程度と推計されていることである。したがって、地方都市のカジノにおいてはほとんどが国内顧客で占められることになると言わざるを得ない。

仮に、「国際観光業としてのＩＲ型カジノ」であるならば、外国人専用としてオープンして問題ないはずである。実際に14年10月のカジノ議連の総会では外国人専用カジノとしての提案がなされたが、経営が成り立たないとして取り下げられた。国際観光業の目玉としてのカジノと言いながら、現実には外国人客の来訪が大きくは期待できず、日本人客が大半を占めることが想定されているのだ。

アジアの原動力は「ジャンケット・システム」

現在、アジアのカジノ市場は急速に「飽和化」の状態に突入しつつある。シンガポールのＩＲ開設を機に、周辺のフィリピンとマレーシアでもＩＲ型カジノの新規開設が進んでおり、シンガポールのカジノ収益の停滞を招いている。韓国では18年冬のオリンピックを控えて、地元カジノ資本や外国カジノ企業によるインチョン空港周辺や済州島におけるＩＲ型カジノ建設計画が進んでいる。14年３月には米ＭＧＭがインチョン空港近くでのＩＲ型カジノ建設の許可を得たほか、韓国カジノ資本と日本のセガサミーの合弁によるＩＲ型カジノの建設も11月に着工された。

シンガポールでリゾート・ワールド・セントーサを運営するゲンティンもまたリゾート・ワールド・チェジュ建設の起工式を15年２月に行った。台湾では13年に離島でのＩＲ型カジノ建設の合法化が議会で承認され、馬祖島での17年の開業を目指している。

アジアにおけるＩＲ型カジノ建設競争が進む一方で、中国政府の腐敗取り締まり強化により中国人ＶＩＰギャンブラーが減少し、マカオやシンガポールでのカジノ収益が減少している。いわばカジノ市場が縮小するなかでＩＲ型カジノが増大しているのである。最後発組の日本が20年東京オリンピック時に参入できたとしても、アジアのカジノ市場は飽和状態に突入している可能性が高い。

　国内のカジノ開設は10カ所程度に限定するから過当競争にならないと推進派は言うが、アジア市場で飽和化が進んでいる以上、中国北部のギャンブラーが韓国・台湾を飛び越して日本に大挙押し寄せるということは極めて期待薄である。

　カジノのアジア市場の成否は中国富裕層の確保に左右されている。その際、決定的な役割を果たしているのが、ジャンケットと言われる仲介業者である。中国人の海外への資金持ち出しは一回で５０００ドル（年間５万ドル）に制限されているが、マカオのＶＩＰ客の条件は最低２万ドルをカジノに預託することである。

　では、なぜ中国富裕層はＶＩＰ客として何十万ドル何百万ドルという賭けができるのか？　それはジャンケットによって中国元を正規外のルートで外貨に交換できるからである。こうして得た外貨をカジノでチップに替え、それをさらに払い戻すことで海外での財産形成に資する、ジャンケットとカジノが一体となった資金洗浄（マネーロンダリング）の仕組みが存在し、その規模は年間２０００億ドルを超えていると指摘されている。[＊12] シンガポールもカジノ収益の停滞によって、当初は認めていなかったジャンケットを限定的に認めるようになっている。中国とのアクセスや文化圏という利点以上に「ジャンケットの公認」がマカオのカジノ市場躍進の原動力となっている。このマネーロンダリングと一体となったジャンケットを認めることは、日本の法制度上極めてハードルが高い。

では、中国VIP以外の外国観光客に対して、日本のカジノは魅力をアピールできるのだろうか。前述したように、カジノで提供されるギャンブルはまさに世界共通であり、外国人ギャンブラーがカジノ・ギャンブルのためにわざわざ日本を訪れるというのは極めて説得力がない。カジノだけではない複合施設としてのIRで日本の魅力を提供するのならば、カジノ抜きのIRではなぜだめなのか。実際、外国観光客の目的は、日本でしか味わうことのできない文化であり歴史建造物であり自然である。そういう日本の良さに魅力を感じて訪れた外国観光客をカジノに誘導し、大きな負けを背負わせることは到底「おもてなし」とは言えない。

結局、日本のカジノ市場のほとんどは国内客頼みとならざるを得ない。とりわけ地方のIR型カジノの国内依存は極めて高いものになる。その場合、地域のマネーがIR型カジノに吸い取られることになるが、そのターゲットとなるのが富裕層に留まらない高齢者の老後の貯蓄となる危険性が高い。カジノが国際観光業として機能しなかったとき、マクロ的な経済的効果が得られないままに、社会的コストの増大のみを負うことになるのである。

「消費者余剰論」では説明できない

ここまで見てきたようにカジノ合法化は、国内客を主要な基盤とする限り日本の経済成長の推進力となり得ないばかりか、経済の効率性を低下させ、様々な社会的犠牲やコストを発生させることで、日本経済と社会の停滞を促進する危険性が高い。

だが推進派は、カジノの社会的利益がそのコストを上回っているのは証明されているという。確かにオーストラリア政府報告書も、社会的利益が最大１５８億ドルであるのに対して、社会的コストは最大84億ドルで、利益がコストを大きく上回るとしている(*8)。

しかし「社会的利益の大部分は、消費者余剰が占めている」として消費者余剰が最大１０８億ドルと推計している。消費者余剰とは、個々の消費者にとっての満足の度合い（効用の大きさ）を定価以上での貨幣支払い額で示したものである。たとえば、定価１００ドルのコンサートチケットを３００ドル出して購入すれば、消費者余剰２００ドルということになる。

同報告書は病的ギャンブラーの負け額を除外しているとはいえ、この消費者余剰論をギャンブルにそのまま当てはめると、ギャンブラーの負け額が大きいほど、その消費者余剰が大きいということになる。

ギャンブルというサービス商品の売買が成立するのは、売り手と買い手がそれぞれ利益（効用）を得るからであり、そして買い手（ギャンブラー）が大きな負け額まで賭け続けるのはそれだけギャンブルに大きな効用（満足）を認めたからというわけである。もちろんギャンブルという商品には定価が存在しないが、ギャンブラーが期待に反して負けることで、カジノの社会的利益が社会的コストを上回るという論理はおかしい。カジノ・ギャンブルはギャンブラーが必ず負けるように商品設計されていることを見ても明らかだ。

社会的コストの正体

このように社会的な経済利益が乏しいカジノの普及は、確実にギャンブル依存症者を増大させていくことになる。そしてそのギャンブル依存症者は、表2－4に見るように様々な心身の健康破壊や借金による家計破綻、犯罪の増大、家庭崩壊や失業を招き、医療費やギャンブル対策費等の増大で社会的コストと犠牲を発生させる。

表2-4　ギャンブラーと健康破壊

単位：%

問題	ギャンブルをしない人		ローリスクギャンブラー		アトリスクギャンブラー		プロブラムギャンブラー		ギャンブル中毒者	
	生涯	過去1年	生涯	過去1年	生涯	過去1年	生涯	過去1年	生涯	過去1年
健康 不良/良好、過去1年	22.8	21.0	14.0	12.3	15.7	13.2	16.3	22.6	31.1	29.6
精神的に問題を抱えている（現在）（無細工抽出のみ）	10.7	14.6	15.9	17.1	26.5	28.5	42.3	24.2	41.9	66.5
メンタルヘルス治療歴、過去1年	5.1	6.9	6.8	6.3	6.4	10.1	12.8	5.4	13.3	12.9
ギャンブルについて家族と感情を害するほど口論をしてしまう	データ無し	0.5	0.1	0.3	0.8	6.8	15.8	10.5	53.1	65.6
躁症状、あり	データ無し	0.7	データ無し	1.6	11.3	17.6	16.8	13.4	32.5	40.1
うつ病エピソード、あり過去1年	データ無し	0.1	データ無し	1.0	8.6	17.4	16.9	5.2	29.1	20.0
アルコール/薬物依存、あり、過去1年（無作為抽出のみ）	1.1	0.9	1.3	1.8	5.6	13.3	12.4	13.9	9.9	20.0
5日以上薬物使用過去1年	2.0	2.4	4.2	5.1	9.2	13.5	16.8	16.1	8.1	13.9
失業経験あり、過去1年	2.6	4.8	3.9	3.6	5.5	2.1	10.8	0.0	13.8	25.0
破産経験あり	3.9	3.3	5.5	6.4	4.6	10.9	10.3	13.8	19.2	10.7
逮捕歴あり	4.0	7.0	10.0	11.9	21.1	25.7	36.3	25.0	32.3	26.4
投獄経験あり（無作為抽出のみ）	0.4	—	3.7	—	7.8	—	10.4	—	21.4	—

出典：Report of the National Gambling Impact Study Commission, April 1999
注：健康、精神的健康、過度の薬物その他の問題毎の生涯及び過去1年間のギャンブル性向者の割合

　このギャンブル依存者の社会的コストについては様々な推計がなされ、大きな論争点となっている。表２－５に見るように、病的ギャンブラーの生涯コストは１万ドルを超えると推計されている。また米ベイラー大学のＥ・グリノルズ教授も、表２－６の社会的コストの定義に基づいて表２－７のように、病的ギャンブラー一人当たりの社会的コストは年間１万ドルを超え、ギャンブル依存症率に基づくと社会的コスト総計は３２４億ドルから５３８億ドルとなり、カジノの社会的利益を大きく上回ると指摘している。

　これに対して、米チャールストン大学のＤ・ウォーカーは、社会的コストは純粋に社会的に失われた富のみを含めるべきであり、不正に取得した資金のギャンブルへの費消や不払いはマネーの移転でしかなく社会的コストには該当しないと指摘する。このような論争を踏まえたニューハンプシャー州の推計では、ギャンブル依存者の社会的コストは、表２－８に見るように年間５１４４ドルとされる。

　このようにその推計値に差はあれ、カジノによるギャンブル依存症者の増大による社会的コストが発生することは否定できない現実である。カジノがもたらす経済的利益のみを強調するのではなく、それがもたらす社会的コストや、経済的価値では表現できない犠牲をも踏まえた総合的な政策判断がなされるべきである。

表2-5　問題・病的ギャンブラーの社会的コスト

単位：ドル

コストの種類	主な負担者	問題ギャンブラーのコスト		病的ギャンブラーのコスト	
		生涯コスト	過去１年	生涯コスト	過去１年
失業	雇用主	算定不能	200	算定不能	320
失業手当	政府	算定不能	65	算定不能	85
福祉手当	政府	算定不能	90	算定不能	60
破産申立	債権者	1,550	算定不能	3,300	算定不能
逮捕	政府	960	算定不能	1,250	算定不能
矯正	政府	670	算定不能	1,700	算定不能
離婚	本人／配偶者	1,950	算定不能	4,300	算定不能
健康悪化	健康保険	算定不能	0	算定不能	700
精神的健康悪化	健康保険	算定不能	360	算定不能	330
ギャンブル依存治療	政府	0	0	算定不能	1,050
総コスト／影響		5,130	715	10,550	2,545

出典：米議会「国家ギャンブル影響度調査委員会最終報告書」（1999年）

表2-6　社会的コストの定義と分類

	種類	定義
1	犯罪	強盗・押しこみや暴力行為などの犯罪の増大
2	事業と雇用上のコスト	労働日の減少、生産性の低下、失業
3	自己破産	ギャンブルの借金による破産
4	精神疾患	抑うつ状態などの精神的病
5	自殺	自殺を意図し実行する確率が高い
6	社会的サービス	失業手当、社会福祉給付、治療費などの増大
7	規制費用	ギャンブル規制組織の運営費用
8	家族の費用	離婚、別居、児童虐待、家庭内暴力などの費用
9	不正資金	家族、友人、雇用主から不正に得て、ギャンブルで失った金
10	社会的関係	社会資本の減少
11	政治	不均衡な政治的影響力につながる経済的力の集中

出典：E.Grinols, Gambling in America

さらに社会的利益と費用の総体としての比較だけではなく、その利益が誰の手に集中し、そして費用が誰の肩に集中するのかということも検討されねばならない。ラスベガス・サンズが過去4年間の株主還元額（株式配当金と自社株買戻し額）が96億ドルに達したことを誇るようにアジアにおけるカジノ資本は極めて高い収益率を誇っているが、その利益は一部の関連企業や投資家の懐に集中することになる。その一方で、多くの人々がギャンブルを通じて「収奪」され、ギャンブル依存症に誘導され、財産と家庭を失い、心身の健康を損ない、失業や犯罪などに追い込まれていくのである。

カジノ・ギャンブルは客が負けるほど収益が増大するビジネスであり、それはカニバリゼーションを通じて地域経済を衰退させるばかりではない。「一攫千金」を期待させながらほとんどの客を負けに追い込むことで顧客を貧しくさせるビジネスなのである。そしてそれはギャンブル依存症という病を中心に大きな社会的犠牲とコストを地域社会に押しつけるものであり、到底、日本経済の停滞を克服し、経済成長の推進力となるものとは言えない。

表2-7　ギャンブル依存者の年間社会的コスト

単位：ドル

		病的ギャンブラー	問題ギャンブラー
1	犯罪行為	3,591	424
2	ビジネスと雇用	2,358	1,023
3	破産	251	未推計
4	自殺	未推計	未推計
5	疾病	773	未推計
6	治療等の社会的サービス	415	529
7	規制費用	未推計	未推計
8	離婚や児童虐待等	62	未推計
9	不正な金融取得	2,880	968
	合計	10,330	2,945

出典：E.Grinols, Gambling in America, P172-174より作成

注：上記金額は2003年物価水準での計算。2010年基準では病的ギャンブラーの年間コストは13067ドルとE.Grinolsは推計を公表している（Gambling Economics:Summary Facts）

表2-8　社会的コストと病的ギャンブラー

単位：ドル

	NHGSCの社会的コストの分類	E.Grinols	NHGSC（ニューハンプシャー州ゲーミング調査委員会）	
1	犯罪	3,591	逮捕	389
			矯正	529
2	事業と雇用上の怠業等の損失	2,358	失業	398
3	自己破産	251	自己破産	1,027
4	鬱などの精神疾患	773	精神疾患	411
5	自殺	—	—	—
6	失業手当・社会給付・治療などの費用	415	失業手当	106
			社会給付	75
			不健康	871
7	規制費用	—	別計算	別計算
8	離婚・虐待等の家族的費用	62	離婚	1,338
9	家族・友人等からの不正資金	2,880	除外	除外
10	社会資本の減少	—	—	—
11	政治的な影響力集中	—	—	—
	合計	10,330		5,144

注：社会的コストの分類は、NORC、E.Grinols、D.Walkerの分類をまとめたものである。NHGSCのコスト推計は、NORCの推計を基に2007年価格に算定・修正したものである。NHGSCは、DHHSの病的ギャンブラー治療プログラムの費用を別計算している。

第3章

地方を蝕むカジノ

「復興カジノ論」を検証する

政府はＩＲ型カジノによって「地方再生」が実現することを強調してきた。では、その実現性を震災復興という「地方再生」の大きな観点から検証してみたい。東日本大震災発生直後の２０１１年６月に国際観光戦略研究所が「復興・仙台エアポートリゾート構想」を公表するなど、カジノで震災復興を促進しようという「復興カジノ」論を打ち出した。プロモーションビデオを作製し、カジノ開設による雇用確保のほかカジノ税収による復興財源の確保など大きな効果をアピールしたのだ。

この復興カジノの成功例の一つが、05年８月の米国におけるハリケーン・カトリーナで甚大な被害を被ったミシシッピー州などの沿岸州である。災害後にいち早く営業再開を行ったカジノのおかげで被災地の雇用が確保され、税収が復興財源として大きく貢献したとされる。カジノの復興が「地域の復興に必要となる民間資本の誘引のきっかけとなり、指定区域周辺のインフラ整備に成功し[*13]」たというわけだ。

当時、ハリケーン・カトリーナでミシシッピー州のガルフコースト地域（南部の沿岸部）のカジノは壊滅的な被害を受け、営業停止に追い込まれた。それはミシシッピー州のカジノがドック型カジノと呼ばれる埠頭の海上に建設されたいわゆる船上型カジノの一形態だったからだ（純粋な船上型カジノは船自身が航行可能であり、ドック型は船自身は航行できない埠頭への据え付け型）。台風や津波等に脆弱《ぜいじゃく》な構造の船上型カジノの多くが陸地に押し上げられるなどして営業不能となったのである。

これらを受けてミシシッピー州は、カジノの営業継続を確保するためにドック型カジノに海岸より６００フィート以内の陸地でのカジノ営業を認めた。このことでホテルやショップ、エンターテインメント施設との一体的なカジノ施設の展開が可能となり、多くのカジノは１年後には陸上型に転換する形で営業再開にこぎ着けた（表３－１）。その結果、ホテルその他の産業も含めて雇用確保が行われ、カジノ税収の復活を通じて州・郡市の財政に大きく貢献したのである。このように他の産業が壊滅的な被害を受け失業者があふれているときに、カジノがいち早く営業再開を行い、そこから復興への力強い歩みが始まったというのだ。

確かに陸上での営業を認めることで、ガルフコーストのカジノは再開にこぎ着けた。しかし、表３－２に見るようにその営業規模や再雇用された人員は限定的であった。震災で大きく落ち込んだカジノ収益や雇用数が被災前の水準に回復するには３年かかっており、カジノ復興が被災地の復興を大きく促進したとは言い難い。

表3-1　ガルフコースト地区のカジノ再開

	被災後のオープン		再開		スロット	テーブル	部屋数
1	Imperial Palace Casino Resort Spa	Biloxi	2005年12月	IR型	1754	62	1088
2	Golden Nugget	Biloxi	2005年12月	IR型	1228	54	705
3	Palace Casino	Biloxi	2005年12月	IR型	885	26	234
4	Boomtown Casino	Biloxi	2006年6月	単独型	967	16	0
5	Treasure Bay Casino	Biloxi	2006年6月	単独型	817	26	207
6	Beau Rivage	Biloxi	2006年8月	IR型	1973	83	1740
7	Harrah's Gulf Coast	Biloxi	2006年8月	IR型	781	31	494
8	Hollywood Casino Bay St	Bay St Louis	2006年8月	IR型	1155	19	291
9	Island View Casino Resort	Gulfport	2006年9月	IR型	1967	42	565
10	Sliver Slipper Casino	Waveland	2006年11月	単独型	963	26	0
11	Hard Rock Hotel & Casino	Biloxi	2007年7月	IR型	1343	51	479
12	Jimmy Buffett's Margaritaville Casino	Biloxi	2012年5月	単独型	741	18	0

出典：Mississippi Gaming Commission、Public Information等より作成
注：カトリーナ後に新規オープンしたカジノは4件、閉鎖は6件である。

表3-2　ハリケーン・カトリーナのカジノへの影響

単位：百万ドル

	総収益			投資							
	沿岸部	川岸部	合計	施設	機器	沿岸部人件費	全人件費	沿岸部雇用	全雇用	沿岸部部屋	全部屋
05年第2四半期	435.9	459.4	895.3	126.8	18.0	111.1	212.9	13,951	28,820	7,391	14,353
05年第3四半期	0.0	461.7	461.7	28.6	5.9	0.0	107.6	0	14,406	0	6,962
05年第4四半期	24.8	488.4	513.2	-421.9	-54.2	55.4	161.3	3,166	18,112	1,511	8,447
06年第1四半期	215.4	538.2	753.6	-61.7	-12.8	35.1	144.4	4,456	19,700	1,922	8,628
06年第2四半期	230.6	506.9	737.6	153.3	-13.5	42.0	151.1	7,105	22,327	2,043	8,747
06年第3四半期	285.5	505.1	790.6	183.9	90.4	65.6	173.3	11,682	26,808	4,756	11,462
06年第4四半期	421.5	464.7	886.2	149.4	38.2	97.9	207.8	11,103	26,010	5,085	11,779
07年第1四半期	423.8	510.3	934.2	49.8	16.4	98.0	205.8	11,176	26,501	5,084	11,772
07年第2四半期	420.3	485.0	905.3	77.8	24.7	99.1	202.2	12,190	26,722	5,083	11,627
07年第3四半期	447.1	484.8	932	43.3	3.1	110.1	214	12,813	27,584	5,528	12,074
07年第4四半期	403.5	453.1	856.6	111.2	6.1	109.2	211.8	12,328	27,285	5,563	12,224
08年第1四半期	443.4	491.7	935.2	56.8	13.2	108.6	216.4	12,456	26,388	5,563	12,221
08年第2四半期	410.3	454.2	864.5	96.7	12.8	107.4	210.6	11,927	25,920	5,560	12,218
08年第3四半期	404.9	464.9	869.8	36.4	7.9	103.4	209.1	11,398	25,282	5,554	12,212
08年第4四半期	387.2	406.7	793.9	64.3	-2.4	97.2	201.4	10,529	24,174	5,559	12,296

出典：Mississippi Gaming Commission、Public Information等より作成
注：05年度第2四半期が被災直前のデータである。

実際、ハリケーン・カトリーナからの復興を大きく支えたのは、連邦政府による１１００億ドルという大規模な復興予算であった。たとえば、低所得者の住宅再建支援のためのＣＤＢＧプログラム（コミュニティ開発包括補助金制度）として１６７億ドルが確保され、このうち55億ドルがミシシッピー州に配分された。このプラグラムがハリケーンで失われた住宅の再建に大きく貢献したのである。ところがミシシッピー州は、持家再建を優先し借家や公共住宅の再建を後回しにし、かつ６億ドルを「ガルフポート」などのカジノ地区再開発に転用したとされる。カジノ復興を促進するために低所得者の住宅再建資金が「流用」されてしまったのである。

つまり、ミシシッピー州は基幹産業としてのカジノ復興を優先する形で被災復興を行おうとした。推進派はその結果、２万５０００人の雇用が確保され被災後から10年までに１５００億円の税収が得られたとする。では、カジノ復興による地域復興政策は成功したと言えるのであろうか。表３－３に見るように、確かに被災後短期間でガルフコースト区域のカジノ収益は回復し州全体としても07年には過去最高水準を記録、カジノ税収も大きく増大している。

しかしその高収益の要因は、復興資金の集中で潤った建設を中心とした地元企業関係者であり、全国から集まった労働者の散財であった。実際、高収益の一方で表３‐４に見るようにカジノの来客数は大きな減少を続けており、復興ブームが一段落した後はカジノ収益も大きな落ち込みを見せている。カジノ収益は07年の29億ドルから14年の19億ドルに減少し、カジノ税収も08年の３・４億ドルから２・５億ドルに減少している。また州財政におけるカジノ税収の比率は04年の５％から13年には２％に低下している。

つまり公的支援でカジノ復興を行ったにもかかわらず、カジノ産業は衰退化し、財政面・経済面での貢献度が低下しているというのが実態なのである。東日本大震災では復興支援を受けた被災住民で地元パチンコ屋が賑わったと批判的に報道されたが、推進派の論法によれば被災地のパチンコ屋が震災復興を支えたということになりかねないであろう。

ミシシッピー州の被災者を切り捨ててカジノ産業の復興を優先した政策は、人権優先の被災者救済の国際的原則からも逸脱しているとして国連報告で大きな批判を受けた。「カジノの復興ではあるが、地域と住民の復興ではなかった」という指摘だ。被災地の復興は何よりも住民一人ひとりの生活圏の再建であり、暮らしと生業の再建が大前提である。そのことによってコミュニティに人は戻り、そこで人と仕事と金が循環する地域経済が復興するのである。そのような復興抜きに、たとえ大規模なカジノが被災地にでき雇用と税収

表3-3　ミシシッピー州のカジノ収益

単位：百万ドル

	2004	2005	2006	2007	2008	2009	2010	2011	2012	2013	2014
ガルフコースト	1,226.9	886.2	910.7	1,302.1	1,258.4	1,114.8	1,106.5	1,096.7	1,094.8	1,064.3	994.7
ミシシッピー川	1,550.1	1,582.3	1,660.2	1,589.4	1,462.8	1,349.9	1,282.5	1,142.4	1,156.3	1,072.3	905.1
全体	2,777.0	2,468.5	2,570.9	2,891.5	2,721.1	2,464.7	2,389.0	2,239.1	2,251.1	2,136.6	1899.8

出典：ミシシッピー州ゲーミング委員会
注：05年8月のカトリーナ襲来のため、ガルフコーストのカジノは9月～11月の3か月営業中止に追い込まれている。

ミシシッピー州のカジノ税収

単位：百万ドル

	2004	2005	2006	2007	2008	2009	2010	2011	2012	2013	2014
一般基金	167.3	168.5	145.7	185.8	194.0	172.4	155.2	147.0	151.8	139.6	127.8
債券償還基金	54.2	54.6	36.0	36.0	36.0	36.0	36.0	36.0	36.0	36.0	36.0
地方政府へ	110.7	111.5	91.8	110.4	114.5	103.7	95.8	91.6	93.7	88.1	84.1
合計	332.2	334.6	273.6	322.3	344.6	312.1	287.0	274.5	281.5	263.8	247.8

出典：ミシシッピー州ゲーミング委員会
注：税収の会計年度は7月～6月である。

表3-4　ミシシッピー州のカジノ客・州別構成

単位：人

	2000	2005	2006	2007	2008	2013
州全体	56,025,378	43,897,333	35,540,416	39,960,985	36,492,416	24,776,610
沿岸部	27,215,459	12,161,106	10,172,299	16,759,248	15,215,913	14,777,210
川北部	29,979,345	25,259,546	19,138,208	17,499,255	15,939,195	6,021,406
川南部	6,830,574	6,476,681	6,229,909	5,702,482	5,337,308	3,977,994
内州民	17,427,012	10,166,822	9,659,268	10,433,521	9,952,996	8,966,610
沿岸部	6,774,238	2,894,947	3,238,738	4,279,171	3,823,484	4,721,769
川北部	3,684,681	3,501,571	2,817,568	2,262,908	2,760,315	1,349,848
川南部	3,825,106	3,770,304	3,602,961	3,279,443	3,369,196	2,894,993
州民比率	31.1%	23.2%	27.2%	26.1%	27.3%	36.2%
沿岸部	24.9%	23.8%	31.8%	25.5%	25.1%	32.0%
川北部	12.3%	13.9%	14.7%	12.9%	17.3%	22.4%
川南部	56.0%	58.2%	57.8%	57.5%	63.1%	72.8%

出典：ミシシッピー州ゲーミング委員会

が生まれたとしても、それは地域住民の所得と購買力を吸い上げることによって地域経済の真の復興を困難にするものである。

すべてはお台場から始まった

こんな有名な話がある。韓国のカンウォンランドは、石炭廃坑で衰退に直面した地域が地域振興策として原発の放射性廃棄物の処理施設か、それともカジノ施設かという選択を迫られた結果、建設されたというのである。米国でも「トュニカの奇跡」と呼ばれたミシシッピー州のトュニカなど、地場産業の衰退で貧困地域と化した地方政府が雇用と税収を求めてカジノ産業に賭けるということが繰り返されてきた。日本でも地域経済の衰退に苦しむ多くの地方自治体が、街を再活性化させる切り札としてカジノに期待をかけている。しかし日本でのカジノ建設の最初の動きは、１９９９年の石原慎太郎都知事による大都市活性化策としてのお台場カジノ構想であった。

このお台場カジノ構想では、国際都市東京には「パリやニューヨークのように、24時間・非日常性を楽しめるような仕組みが」なく、グローバル化のなかで24時間都市になりつつある現状に合わせて「カジノ等新たな観光資源の開発」を訴えた。(*15) そして翌年には、カジ

表3-5　お台場カジノ構想の経済的効果

単位：億円

	カジノハウス	カジノホテル	カジノホテルとエンタテインメント施設等の複合
カジノ収益	300.0	340.0	570.0
生産誘発額	740.4	839.2	1,406.9
雇用誘発人員	4,545.0人	5,150.0人	8,635.0人
ゲーミング税(20%)	45.0	51.0	85.5

出典：東京都都市型観光資源の調査研究報告書(2002年)
注：生産誘発額並びに雇用誘発人員は、それぞれ第1次と第2次をカジノ収益に加えた数値である。

ノが「もはや国際的にも一般的な施設になっていること、また新たなゲーミング産業としてその経済波及効果や雇用創出効果が期待できるものであることから、その実現に資するべく調査研究を実施（*17）した結果として、「カジノハウス型」、「カジノホテル型」、「カジノホテルとエンターテインメント施設等複合型」の各ケースにおけるカジノ収益やそこから派生する経済効果や雇用、そして税収の予測等を公表している（表3-5）。

ここで注目すべきは、海外のカジノ調査を踏まえて、カジノハウス型中心の欧州とカジノホテル型中心の米国の違いや、米国における陸上型や船上型などのカジノの各種タイプの整理を行いながら、複数のカジノ・モデルを選択肢として想定していたことである。カジノホテルとエンターテインメント施設等複合型では、ラスベガスをモデルとしながら宿泊、レストランやショップのほかに、エンターテインメントやコンベンションホールの提供も含んだものではあるが、カジノを中心とした収益並びに経済効果の推計が行われていた。

このカジノ中心の推計は、首都圏の前提条件と類似しているとされたアトランティックシティのカジノの実績値が参考にされ、後のＩＲ構想にも連動するものである。とはいえ、コンベンションホールで３０００人、シアターで１０００人、ホテルで２０００室といった規模の想定であり、ＩＲ型カジノのようにコンベンション機能とエンターテインメント機能を前面に押し出した構想ではなかった。

この場合で、カジノ利用客数を日帰り客年間１５０万人、宿泊客１４６万人の内60万人、シアターとコンベンション客73万人の内15万人の計２２５万人を見込んでいる。また、カジノ収益では宿泊客3万円、日帰り客１・５万円、飲食費等は宿泊客1万円、日帰り客０・５万円で５７０億円（うちギャンブル収益は75％にあたる４２７・５億円）を見込んでいる。そこからの生産誘発額が第１次、第２次併せて最終的には１４０７億円、雇用が８６

表3-6　日本のカジノ導入をめぐる動き

「自民党・公営カジノを考える会」(2001年)設置
「小泉内閣構造改革特区」(2002年8月、2003年1月) 8件のカジノ特区申請(大阪府、東京都荒川区、静岡県熱海市、石川県加賀市と珠洲市、岐阜県、三重県鳥羽市、宮崎県宮崎市)を受けるが、全件否決
「地方自治体カジノ研究会」(2003年2月) 2004年3月に研究会の報告書を関係省庁に送付して解散 正式メンバー:東京、大阪、神奈川、静岡、和歌山、宮崎 オブザーバー:北海道、山形、栃木、群馬、茨城、岐阜、愛知、福井、石川、京都、奈良、広島、香川、愛媛、大分
「国際観光産業としてのカジノを考える議員連盟」 (通称カジノ議連、2002年12月) 「ゲーミング(カジノ)法・基本構想」(2004年6月)公表
「地方自治体カジノ協議会」(2004年8月) (正式メンバーは「地方自治体カジノ研究会」の引き継ぎ) 6回の協議を経て、2006年5月に意見を取りまとめる
「カジノ・エンターテイメント検討小委員会」(2006年2月) 「我が国におけるカジノ・エンターテイメント導入に向けての基本方針」(2006年6月)
「国際観光産業振興議員連盟」(通称ＩＲ議連、2010年)結成

出典：編集部で作成

３５人（直接雇用４０９５人）、税収が１３８億円（カジノ収益から85・５億円）と推計されている。想定された最大規模のケースでもギャンブル収益は約４３８億円、そして経済的効果も１４００億円程度であることは、１兆円単位で語られるその後のＩＲ型カジノの経済効果のバブルぶりを明らかにしている。

　このカジノ導入の動きは表３‐６に見るように、やがて各自治体に移っていき、都道府県レベルに留まらず市町村、そして民間団体まで巻き込んだ取組みになっていく。

とはいえ、多くの取組みは調査段階または概略的な構想提起に留まっているところが多い。その中でも、最も積極的な取組みが継続され、一定の具体的構想の提示が行われているのが大都市部では大阪府であり、地方では翁長《おなが》知事が反対を表明したものの沖縄県だ。また地方でのカジノ構想で民間ＮＰＯ団体の構想（実態は秋田県商工会議所が主体）ではあるが注目されるのが秋田イーストベガス構想である。ここではまずこの３つについて、大都市部と地方におけるカジノ構想の代表として検討を行いたい。

「他地域を圧倒する世界最高水準」の大阪ＩＲ構想

大阪府は「大阪エンターテイメント都市構想推進検討会」（10年7月）を設立し、６回の研究会開催を経て「大阪における統合型リゾート（ＩＲ）に関する基本的な考え方について」（11年2月）を発表している。さらには国会でのカジノ推進法案の提出を受けて14年2月には「統合型リゾート（ＩＲ）について考えるシンポジウム」を開催している。地方自治体レベルで最も検討が先行していると言える。

大阪ＩＲ構想の特徴は、関西圏人口２０００万人と関西国際空港による東アジアからのアクセスを活かした「他地域を圧倒する」世界でも最高水準のＩＲ施設の建設構想という点である。世界最高水準のエンターテインメント機能・コンベンション（ＭＩＣＥ）機能の提供と、関西の観光資源とのシナジー効果で国内外からの大規模な集客を見込んでいる。

そして、それを可能にするのが「収益エンジン」としてのカジノの存在だ。推進派で博報堂の栗田朗氏は「良好なゲーミングの収益が見込めることによって、５０００億円、１兆円といったＩＲに対する投資を世界から呼び込むことができ、必ずしも採算性が高いとは言えないノンゲーミングの部門の収益を安定させることができる、という構造になっています。……特にＭＩＣＥ、あるいはエンターテインメントといった大きな投資が必要だけれども必ずしもそれが大きな収益を安定して上げるとは限らない」施設への投資が可能になると語る（＊16）。

つまりはカジノの高収益をＩＲ内の非採算部門に回すことで巨大投資が可能となり、世界最高水準のサービス提供で集客した観光客の一部がカジノの高収益を増大させるという好循環が成立するというわけだ。

そしてこのＩＲは関西・大阪における巨大な投資を招き、雇用増大ばかりか大きな税収が生まれることで、福祉、医療、教育、観光、文化、芸術等への財源が確保できるという。その一方でカジノによるギャンブル依存症や青少年への悪影響などの負の側面は「厳格な制度・規制・監視といった海外の対応策」の適用で防止可能であるし、ＩＲの収益等で依存症対策が促進できるとしている。

しかし、大阪府構想の「世界第1級のＭＩＣＥ機能の創出」の具体的な内容は、「世界レベル規模の国際会議場・展示場の設置」「大規模な国際会議・展示会等のイベント誘致を促進する機能の併置」「多言語対応が可能なコンシェルジュの配置や施設内サインの設置」の例示でしかない。

ちなみに関西経済同友会は、既存のＡＴＣホールやインテックス大阪（いずれもベイエリア地区）や大阪城ホール、京セラドーム（いずれも市中心部）などのＭＩＣＥ機能に触れながら、「一見すると、大阪の中心部やベイエリアには、ＭＩＣＥ機能等が揃っているように見える」が、「国際競争を勝ち抜けるような規模感はない」ということと「魅力的な施設は存在するが、それらは点在するにすぎず、戦略的な意図を持った連携・配置にはなって」いないのが問題だとする。(*17)

そしてその欠陥は、ＩＲにおける３万㎡規模の展示場と６万人収容の会議室、１万㎡のバンケットの建設で解消するというが、規模の不足さえ解消されれば国際間のＭＩＣＥ誘致競争に勝てるのだろうか。たとえば年間２万件の会議で５００万人の会議参加者を誘致しているラスベガスは小規模な会議誘致にも力を入れており、平均的な会議規模は２０００人である。シンガポール訪問時に見た２つのＩＲにおける会議場・展示場は閑散としており有効に機能しているとは思えない。規模だけの問題に終始するＭＩＣＥ機能論は一層の検討が必要である。

また大阪府構想は「文楽や歌舞伎など日本文化をリードしてきた大阪の和のテイスト」を活かした「世界中で大阪でしか鑑賞できないショー・エンターテインメント」として「日本文化の体験ができる施設（茶道、華道、和装、温泉、武道、禅など）を提供するとしている。

しかし、文楽や歌舞伎等の日本文化を活用したショーが世界最高水準のエンターテインメントになるか、それを楽しむためにわざわざＩＲに足を運ぶのかは極めて疑問である。この点に関して関西経済同友会のＫＩＲ構想は、「パフォーマンス、フェスタ、スポーツ・格闘技、カーニバル、バザール等、言語によらず訪問客を惹きつけるエンターテインメント」として博物館、美術館、劇場、イベント広場のＩＲ施設内での建設を提起するに留まっている。日本固有の文化についてはは関西圏にある既存の文化施設とのシナジー効果を強調するのみであり、世界のＩＲでの標準的なエンターテインメント機能とどの程度の差別化を行うことができるのかが不明である。これではＭＩＣＥ機能とエンターテインメント機能の「他地域を圧倒する世界最高水準」の内容に到底なっているとは言えないのではないだろうか。

結局、カジノ自体の集客力とその高収益性にＩＲの存立がかかっているとしか言えないのであるが、関西経済同友会は「収益力に劣るＭＩＣＥ機能等を補う『収益補完』」の役割と「訪問客およびＭＩＣＥ誘致の呼び水となる『集客』」機能を期待できると抽象的に語るだけだ。そのカジノによってどの程度の顧客が誘致できるかについては具体的な市場分析と推計値が語られていない。

表３－７では、大阪市臨海地域での立地で60キロ圏内１５５５万人中、毎年約92万人が

表3-7　大阪市臨海カジノの経済的効果

単位：億円、人

	大阪市臨海地域
60キロ圏内の成年人口	15,555,873
予想カジノ入場者数	916,653
カンウォンランド基準のカジノ消費額(一人)	40000円
カジノでのギャンブル支出額	366.7
食費・宿泊等のカジノ施設での消費	48.9
カジノ施設全体での消費額	415.6
カジノの周辺への経済波及効果	708.2
大阪府の税収(ゲーミング税20%)	83.1

出典：大阪商業大学アミューズメント産業研究所『カジノ導入をめぐる諸問題〈2〉』

カジノを訪問するとして３６７億円のカジノ収益の予想を算出している。これも東京都と同じようにアトランティックシティ等の海外のカジノの実績値をベースにした推計であるが、この程度の収益エンジンでは巨大なＩＲを支えることはできないのは明らかだ。

願望が先走る沖縄統合リゾート構想

知事交替によりカジノ建設から撤退したとされる沖縄県のカジノ構想は、「エンターテインメント事業可能性調査報告書」(03年４月) から具体化していく。「国内においては新たな地域活性化策として、ゲーミングの合法化を求める動きが活発になって」いる状況を踏まえて、カジノ建設のマイナス面も含めて客観的な影響効果を調査するとしたものだ。海外のカジノの実態やギャンブルの社会的影響などの調査を踏まえながら、「沖縄県内での展開可能性についての論点整理」としてメリットとデメリットの提示を行っている。

たとえば、「政策適合性」のメリットとして「国内初のゲーミング施設を誘致することの効果は非常に大きいと考えられる」と述べる一方で、デメリットとして「ゲーミング施設を誘致すると、沖縄県の健全なファミリーリゾートとしてのイメージに影響を与える可能性がある」として全体的にカジノ建設への思いを滲ませるものであった。その結果、「沖縄県の地域特性を活かしたエンターテインメント事業の可能性」をより具体的に検討していくことになる。

この検討は、08年に「国際的な観光・リゾート地を形成し、16年を目途に年間観光客1000万人を目指すためには、カジノ・エンターテインメントは時間、天候、季節を問わず楽しめ、観光及び地域経済の振興を同時に満たす有力なツールとなる」として「カジノ・エンターテインメント検討委員会」を設置して、「導入する場合の課題や対応策等」の具体的検討を行っている。(＊18) そして、09年に沖縄総合リゾートモデルの3タイプの提示とそれ

それの経済的効果の推計の公表へとつながっていく。(＊19)

統合リゾート（ＩＲ）の沖縄版「沖縄統合リゾートモデル」として、①沖縄伝統文化継承モデル（沖縄国際迎賓館）、②トロピカル・リゾートモデル（トロピカル・ラグーンパーク）、③シンボリック・タワーモデル（海からの豊穣「カリータワー」）の３タイプが提示される。沖縄の伝統、自然（海）、信仰のどれを主要コンセプトにするかの違いはあるが、「コンベンション機能の充実や多様なエンターテイメントを導入し、ビジネスからファミリーまで、多様な顧客層に、充実した時間を提供する複合型リゾート」として統一されたものとなっている。

具体的には、60ヘクタールの広大な敷地の中に全室オーシャンビューの５０００室のホテル、１万人収容のボールルームに１・７万人収容のイベントアリーナ、世界トップクラスのライブショー等が行えるシアターやオーシャンドーム全天候型などの巨大施設の羅列となる。その中でカジノ機能は延べ床面積の３％以内の「洗練された大人の遊びを提供する社交場」であり、「沖縄統合リゾート全体の財務面をカバーする施設である」と位置付けられている。

この沖縄統合リゾートモデルの収益推計としては、表３‐８に見るように２種類の推計

表3-8　沖縄IRの経済効果の推計

単位：億円

	H20モデル	H22モデル	
		MICE型	アミューズメント型
カジノ収益	994.8	480	202
カジノ費用	455.1	264	112
営業利益	539.6	216	90
利益分配　民間事業者(50%)　①	269.8	na	na
沖縄県(50%)	269.8	na	na
カジノ外売上	1,107.2	711	1190
費用	1,039.3	703	1075
営業利益　②	67.9	8	114
経済効果　建設費	3,200.0	1067	1615
波及効果(1次+2次)	5,372.6	3888.3	5196.7
カジノ(カジノ外含む)	2,101.9	1191	1392
波及効果(1次+2次)	3,601.7	1997.1	2334.1
雇用誘発効果(1次+2次)	30,594	23497	27989

出典：沖縄県『平成20年度カジノ・エンターテイメント検討事業調査報告書』『平成22年度カジノ・エンターテイメント検討事業報告書』
注：①カジノ収益への課税率は5%と想定されカジノ費用に含まれている。
②H20モデルでは県民はカジノに入場しないとされている。

が行われている。H20モデル（平成20年度版）では、カジノ収益９９４・８億円、カジノ外売上１１０７・２億円で、両者による経済波及効果は生産面で３６０１・７億円、雇用で３万人と推計されていたが、H22モデル（平成22年度版）では「採算性や経済的な将来予測を行うにあたっては、よりシビアな見解を持つことが必要である」として、ＭＩＣＥ型のＩＲの場合、カジノ収益４８０億円、カジノ外売上７１１億円で、両者の経済効果は生産面で１９９７・１億円、雇用面で２・３万人と抑制された修正値が出されている。

　注目すべきは、ホテル客室数をＭＩＣＥ誘致型で２６００室など施設規模を縮小し、

Ｈ20モデルの「過大推計」を修正せざるを得なかった点である。沖縄の観光客数実績値（09年）５６５万人を基に20年の観光客数を７９６万人と予想し、沖縄記念公園海洋博覧会地区への観光客訪問比率（49・５％）等を参照して沖縄統合リゾート訪問客を４９０万人（県民90万人）と推定している。そこからカジノ訪問率やギャンブル支出額（ＶＩＰと一般客の区別）の推計を「手堅く」行った結果、大幅な推計値の縮小を余儀なくされたのである。そもそも５０００室のホテル建設は、沖縄統合リゾートの建設が想定されている沖縄本島西海岸（恩納村、名護市）の15ホテル、３９１７室を大きく上回るものであり、「客観的」な需要予測に基づくものではなかったと言わざるを得ない。

一方のＨ22モデルにしても、沖縄記念公園の訪問率49・５％を統合リゾートに適用するのも何の根拠もない。またＭＩＣＥ型で３泊４日、アミューズメントリゾート型で５泊６日の滞在を想定して消費額を見積もるのも過大ではないだろうか。何よりもカジノ以外はすでに沖縄に存在している観光資源を「統合」しただけで観光客が大量に訪れ、そのうち60％近くがカジノに行くという想定は単なる「願望」に近いものでしかない。また、想定通りの客が訪れたとしても国外客は10万人という予想でしかない。結局、本土からの国内客の争奪戦が激化することで既存の沖縄観光産業に大きな打撃を与える危険性が高いのだ。

地方復活モデルを目指す秋田イーストベガス構想

県と市といった自治体による取組みではないが、秋田県のＮＰＯ・イーストベガス推進協議会の「イーストベガス構想」はカジノを活用した地域再生策として興味深い。同推進協議会は、01年10月に「イーストベガス構想」の実現のための調査・研究・提案などに関する事業を行う任意団体として設立され、03年９月にＮＰＯ法人化された。しかし地元民間企業経営者が理事・幹事等に連なり、秋田商工会議所会頭が筆頭顧問になるほか地元衆院議員が顧問に名を連ねるように、地元経済界と政界によるカジノによる地域活性化構想と言える。

この協議会の構想の発展は、単なるカジノ構想からＩＲ型カジノ構想への変遷過程が明瞭に反映されたものになっている。まず、秋田における構想としては秋田港周辺の大規模なリバーサイド型、秋田駅周辺の小規模なエキマエ型、秋田港周辺の中規模のウォーターフロント型という３つのカジノの類型が提案されている[*20]。「ラスベガスをモデル」に考えたリバーサイド型はテーマパーク設立などによる「非日常感を演出する」複合的なエンターテインメントゾーンの創出を言うのみで、統合型リゾートという概念に基づく提案にはなっていない。

また最も大規模な投資となるリバーサイド型カジノ構想の経済効果も、３時間圏内の人口に基づいて一定のカジノ参加率と来場回数の仮定のもと、年間来場者数45万人、カジノ消費額１７９億円、飲食ショッピング25億円、建設費１２３億円となり、そこからの経済効果は４２１億円、誘発雇用は３８８０人になるというものであった。

この秋田版カジノの魅力として、高齢者が住みたいと思うまちづくり、秋田の自然や秋田美人をテーマにしたカジノ、わらび座などの市民発の文化を活かしたショーの提供、プロ興行など観戦スポーツの誘致を挙げている。その中には、子どもの学力が高い秋田県のイメージを活かした「小中学生の夏休み秋田留学」を促進し、「同行する親はその間カジノを楽しむ」ことまで提起されている。そして「酒の個人消費率1位、貯蓄率最下位……などのデータが示すとおり歴史と伝統ある享楽シティＡＫＩＴＡ」という特色を活かして「レジャー寄りではなくギャンブラー指向な税率・還元率で射幸心をあおり、ハイローラーを呼びこむ」ことを魅力の一つに挙げている。

人口減少などの秋田県経済の衰退を食い止めるためには、雇用創出による定住人口の増加、そして観光産業による交流人口の増加が不可欠である。したがって「秋田市に新たな魅力、新たな価値を付加することが必要であり、そのためにはあらゆる可能性を排除せず検討すべき」であり、その検討材料の一つとしてカジノを提案したいというわけだ。その一方で、カジノの経済的魅力を一面的に誇張も交えて強調するだけで、犯罪の増大、ギャンブル依存症の増大などカジノの負の側面については、大阪商業大学学長・谷岡一郎氏の「カジノが存在することで未成年者が非行化するきっかけになることはあり得ない」と言った推進派の主張を並べるだけに留まっている。

これに対して「秋田・東北IR構想」（14年）のプロモーションビデオは、「世界でまったく新しいエンターテインメントエリア」としてカジノ、ホテル、コンベンション、レストラン、ショッピング、エンターテインメントという6つのIRの構成要素の相乗効果で大きな経済的波及効果が生まれ、その結果、秋田の経済活性化のみならず東北全体の経済に大きな貢献ができるという。

しかし、東北最大級のアリーナとボールルームの建設でゲームショーやモーターショーや展示会、国際会議が開催可能だというが、その現実性は具体的には語られない。全天候型スタジアム建設で地元プロスポーツの拠点としての活用やイベント・コンサートが行うことができ、ホールやシアターではなまはげなどの伝統芸能が開催できるというが、それが集客力を持ったエンターテインメントになるのかが不明だ。また郷土料理や新鮮な食材を活かしたレストラン、有名ブランドや秋田のお土産が買えるショッピングエリアといっても、既存のショッピング街や郷土料理提供のレストランとどの程度の差別化ができるのだろうか。

　カジノについては「大人に健全な遊びの時間を提供する社交空間」であり、「男女を問わず楽しめる日本初の本格ゲーミング」というだけである。極言すれば、カジノ以外はすでに秋田に存在しているコンテンツをＩＲという施設内に集めるだけで、どのような相乗効果で質的に異なる魅力と集客力を発揮するのかが不透明である。

　さらにＩＲへの新しい公共交通システムの建設と言いながら、「ＩＲは開発・建設コストに税負担を必要としない」と強調するのも誤解を与えるものである。大阪のＩＲ構想でもそうであるが、ＩＲ施設内の建設等はライセンスを得たカジノ企業が行うとしても、ＩＲへの公共交通などのアクセスなどのインフラ整備は自治体などの公的負担となることが想定されている。米国でもカジノ施設への高速道路などのアクセスのインフラ整備は州財政の負担となっており、そのための公債発行は州財政を圧迫する要因となっている。

　この秋田版ＩＲ構想の最大の問題は、マカオとシンガポールの成功を無条件で賛美しながら、投資誘発、新規雇用創出、税収の増加、納付金の活用、住民サービスの充実で「Ｉ

Rの導入効果を広く市民・県民が享受できます」と強調する点である。これらの経済的効果発揮の前提は、年間来訪者数が１３５０万人となり、そこからのカジノ消費などの経済波及効果が５１５２億円、直接雇用だけで１・５万人になるという想定である。

しかしこの想定は国内観光客だけに限定しているものの、既存の交通インフラの利用者の搭乗率を１００％として、そのうち半分がＩＲに宿泊するというものである。そして秋田成人県民は２カ月に一回日帰りで、東北各県の成人は1年に一回日帰りでＩＲを訪問するという仮定なのである。この想定は、協議会自身の08年報告書での来訪者数45万人、経済波及効果４２１億円と比べて桁違いに大きなものになっている。

秋田県民は必ず年６回ＩＲに行くという想定に象徴されるように、経済的波及効果をかさ上げするために無理な想定を行っているとしか言えない。

このように各地域のＩＲ構想は、カジノ隠しのためにコンベンション機能やエンターテインメント機能を強調しているが、これがアジアにおいて他のＩＲを圧倒する内容となるのか具体的に明らかにできていないのが実態だ。そしてカジノ以外のＩＲ施設での集客力を前面に押しだした結果、極めて大きな投資規模のＩＲを想定せざるを得ないことになっている。

つねに不安定な「カジノの街」

先にも述べたように、カジノが開設されればカニバリゼーションは避けられないが、問題は自治体間のカニバリゼーションの発生ばかりではない。カジノ開設の地元自治体内でもカニバリゼーションが発生することで、地元経済が打撃を受ける危険性が存在している。たとえばアトランティックシティのカジノでは宿泊・飲食部門の収入の半分以上はコンプというカジノ収益で補填されていた。カジノ推進派の木曽崇氏が「統合型リゾートは基本的にお客様を『囲い込む』タイプの観光施設であるということです。……お客様は一度、統合型リゾートの中に足を踏み入れれば、特別な動機がない限り施設の外側に出て行く理由がありません(*13)」と言うように、カジノはコンプという料金サービスで顧客を囲い込むのである。この結果、地元経済は大きな打撃を受けることになるのであり、アトランティックシティではカジノ開設以来２００軒のレストランが閉店している。

もともとＩＲ型カジノはラスベガスがモデルであるように、自己完結型の滞在型リゾートをモデルにしている。それは推進派が認めるように、ＩＲ型カジノの恩恵が自動的に地域に及ぶことはなく、ＩＲ型カジノの来客者を地域に惹きつける独自の魅力と努力が必要になるということだ。それができなければ、ＩＲ型カジノは、周辺の既存の宿泊業や商店街、レストランなどの地域経済を担う中小企業を淘汰し、コミュニティの担い手である住民の流出を通じて地域社会を破壊していく危険性が高い。従来存在していた地域循環型の経済を破壊し、そしてカジノに依存した経済構造に地域社会を変えていくことになる。カジノの利益は、カジノ企業とその関連企業に独占され、地域に広く還元されていかないのだ。

ニューハンプシャー州の推計では、州外からの顧客が全く期待できない北部地域でのカジノ開設は、地元経済に大きな打撃を与える上、ギャンブル依存症を拡大するため地元自治体にとっては負担増加となるとする。カジノで３１６４人分の雇用が生まれる一方、地元企業の破綻で２２１５人もの雇用が失われるという「共食い」が発生するのだ。

このカジノ依存の地域経済と社会への道は、極めてリスクが高い選択である。確かにカジノ企業からの発注で潤う地元企業は存在する。しかし地元への発注率は低く、不安定であり、かつ選別が繰り返されていく。

表３‐９に見るように、アトランティックシティでもカジノの州内企業への発注は地元ニュージャージー州内企業の比率は４割前後、アトランティックシティの企業は２割前後に留まっている上に、07年の25億ドルから10年の11億ドルに急減している。カジノ関連の

表3-9　ニュージャージー州：カジノの地元経済貢献度

単位：数、億ドル

	総数	発注額	州内企業	地元率	発注額	発注率
1987	9,630	1.23	3,786	39.31%	0.80	65.04%
1988	10,439	1.52	3,987	38.19%	1.00	65.79%
1989	10,707	1.79	4,112	38.40%	1.27	70.95%
1990	10,185	2.02	4,033	39.60%	1.40	69.31%
1991	9,367	1.84	3,845	41.05%	1.23	66.85%
1992	10,044	1.97	4,029	40.11%	1.31	66.50%
1993	10,565	2.03	4,093	38.74%	1.42	69.95%
1994	10,229	2.17	4,002	39.12%	1.35	62.21%
1995	7,804	2.14	3,282	42.06%	1.35	63.08%
1996	8,193	2.47	3,402	41.52%	1.54	62.35%
1997	8,264	2.76	3,355	40.60%	1.87	67.75%
1998	7,874	2.48	3,132	39.78%	1.56	62.90%
1999	8,040	2.31	3,084	38.36%	1.48	64.07%
2000	7,393	2.33	2,889	39.08%	1.55	66.52%
2001	6,789	2.27	2,707	39.87%	1.72	75.77%
2002	6,747	2.87	2,673	39.62%	2.21	77.00%
2003	6,633	3.10	2,611	39.36%	2.34	75.48%
2004	6,353	3.00	2,561	40.31%	1.95	65.00%
2005	6,354	3.00	2,463	38.76%	1.97	65.67%
2006	6,085	3.50	2,331	38.31%	2.16	61.71%
2007	6,227	4.04	2,174	34.91%	2.53	62.62%
2008	6,070	4.15	2,199	36.23%	2.33	56.14%
2009	5,178	2.97	1,967	37.99%	1.20	40.40%
2010	4,952	2.20	1,844	37.24%	1.10	50.00%

出典：New Jersey Casino Control Commission “Atlantic City Gaming Industry Economic Impact Study” 2011.

注：アトランティック郡は、914社、6億7201万ドルで地元中61.2%である。
03年の1,225社、15億9221万ドル、70.1%から大きく後退している。

表3-10　カジノ衰退と収益ファンドへの影響

単位：百万ドル

	2006	2013
税収	500.2	214.6
補塡	2.1	104.7
調整後予算	502.3	319.3
医療補助	422.9	234.8
PAAD	276	98.5
個人ケア	90.1	0
交通補助	36.8	26.8
住宅補助	36.1	57.5

出典：NJ Casino Control Commission HP

注：カジノ収益の8%の他、駐車税、部屋税などがこのファンドに参入された後、高齢者や障害者への補助に活用されることになっている。

需要には、ホテル建設などのほかゲーム機器も含めて地域外の企業が受注する可能性が高く、結局地元の購買力が地域外に漏出（リーケイジ）し、その結果地域内での経済循環が衰退していくことになるのである。米国におけるカジノ依存の地域振興策の破綻で明らかになったのは、まさにカジノに依存する街づくりの危険性である。

　またアトランティックシティのカジノ税（８％）等は、カジノ収益ファンドに繰り入れられ高齢者や障害者向けの補助に活用されることになっているが、表３－10に見るように、カジノ税収の06年の５・０億ドルから13年の２・１億ドルに急減したことで一般財源からの補塡を余儀なくされた上に、高齢者向け等の医療補助や個人介護補助が４・２億ドルから２・３億ドルに削減されている。

カジノ税収に福祉財源等を求めていくことは、カジノ税収が減少した場合の危険性を高めることになる。一般財源の減税（所得税や法人税）の手段として社会保障や教育関係予算をカジノ税収に依存した場合、カジノ税収が減少した場合の財政的補塡が困難となる。また、カジノ税収確保のためのギャンブル拡大策という社会保障政策の本来の目的と逆行する結果を招くことにもなりかねない。ニューハンプシャー州のカジノ反対団体が「将来性の怪しいカジノに州の未来を託すことは危険」と訴えているように、カジノ依存の財政の危険性を直視しなければならない。

さらにカジノの恩恵と言われる雇用増加もまた地域の負担を増していくと指摘される[＊21]。カジノの雇用は、一部の高給の管理職を除けば、ディーラーなどの低賃金の不安定雇用で大半が占められている。約４割を占めるディーラーの平均年収はチップが半分を占めた場合で３万ドル（約３６０万円）程度であり、他の職種の平均賃金に遠く及ばない。いわば「ワーキング・プア」に依存しているのがカジノなのであり、このような労働者の流入は受入れ自治体のインフラ整備や治安、社会保障等の財政負担を増すだけだ。

またカジノはギャンブル依存症者を増大させ、過重債務による自己破産や犯罪、家庭内暴力、家庭崩壊、不正な資金取得、怠業と失業、病気やアル中増大などの犠牲と社会的コストを増大させていく。カジノを経験しやすい近い距離の住民ほどギャンブル依存者が増えていくことが明らかとなっており、この犠牲と社会的コストは地域社会に集中的に転嫁されることになる。はたして、「カジノの街」に暮らして幸せと言えるのだろうか。

ディズニーランドは犯罪都市か?

「カジノの街」は犠牲が増えるだけではなく、治安の悪化も止むところがない。カジノがギャンブル依存症者を増大させ、その犯罪率が高いことから、カジノ開設は周辺地域の犯罪を増大させ治安を悪化させることが広く認識されている。

米国「ギャンブル影響度調査委員会報告書」(99年)は、そのことを実例とともに挙げながらも「ギャンブル行為と犯罪との間には関係があると言えるが、その関係を定量的に示し明確に示すだけのデータが不足している。ギャンブルと犯罪のあいだの正確な関係を明確に示すには一層の調査が必要である」としていた。

この報告書がカジノと犯罪の関係を否定したと主張する推進派もいるが、その後の調査の積み重ねを踏まえて、これまでの「調査は、カジノの導入によって犯罪数が増えるということは一般的に認めている」と結論付けている。[*22] 犯罪数の増大を否定できない今、推進派は別の争点でカジノによる治安悪化を免罪しようと試みているのが現状である。

現在、カジノ推進派がカジノによる治安悪化を否定する手法は、次の2つである。一つは、犯罪を誘発するものとしてのカジノの存在を免罪する手法である。たとえば、よく挙げられる具体的事例が、ディズニーワールドを抱えるフロリダ州オーランド市とカジノの街であるラスベガス市の人口当たりの犯罪発生率である。オーランド市の犯罪発生率がラスベガスを上回っている事実を示して「各都市の持つイメージとは裏腹に『ディズニーの街』オーランドが、『カジノの街』ラスベガスよりも圧倒的に治安が悪いという側面が見えてくるのです[*13]」として、「カジノの街=犯罪都市」という先入観は事実に基づかない誤解であるとされる。

犯罪の増大は、大勢の観光客を呼び込む観光サービス業にとって共通の現象であり、そしてディズニーランドですらこれだけの犯罪を誘発するのであるから、カジノだけを犯罪を増大させる「悪の産業」視するのは誤っているというわけである。

第2は、観光客の増大で一定エリア内での犯罪発生数の増大が生じた場合でも、観光客数を分母として犯罪発生率を計算することで、カジノ開設によって犯罪発生率が増大したわけではないとする手法である。たとえば、アトランティックシティの犯罪数はカジノ開設後数倍に増えたが、来客数を分母とした場合低下しているとされる。カジノの来客数が増大すれば、当然カジノ内またはカジノ周辺での犯罪発生数が増大するのは当然であり、犯罪数だけを強調するのは誤っているというわけである。

しかし、このような主張は意図的なデータ操作と論理のすり替えによるごまかしとも言うべきものである。カジノの街としてラスベガス、そしてディズニーの街としてオーランドを比較して、あたかもカジノよりもディズニーの方が犯罪の誘因となるかのような主張を行っているが、表3-11に見るように、同じくカジノの街であるアトランティックシティと、ディズニーの街であるカリフォルニア州アナハイムの犯罪発生率を見ればまったく違った結論となる。つまりアトランティック市のほうがオーランド市よりも犯罪発生率は高く、そしてアナハイム市の方がラスベガス市よりも犯罪発生率は低いのである。

犯罪はギャンブル依存症者だけによって引き起こされるわけではない。米国においてはアルコール中毒や麻薬中毒者による犯罪が多い。ギャンブル資金・飲み代・麻薬代欲しさで犯罪が誘因されるからである。また貧困率や失業率の高さなどの経済的要因からも犯罪

表3-11　米国都市別・犯罪発生度の比較

単位：件数

	Anaheim	Orlando	Las vegas	Atlantic City
人口	345,320	253,238	1,500,455	39,482
暴力犯罪	1,130	2,316	11,374	685
殺人	11	17	97	3
強姦	82	126	705	9
強盗	437	573	4,072	367
暴行	600	1,600	6,500	306
窃盗罪	9,611	16,489	47,968	2,475
空き巣	1,412	3,485	14,785	393
盗み	6,518	11,984	26,548	2,011
自動車窃盗	1,681	1,020	6,635	71
放火	35	29	257	2

出典：FBI Crime in the United States 2013

犯罪指数	21	2	14	2
暴力犯罪率	3.71	10.34	8.09	17.60
窃盗率	29.23	67.85	32.50	61.75
総犯罪率	32.94	78.19	40.58	79.35

出典：Neighborhood Scoutによる2013年データ
注：犯罪率は1000人当たりの比率

発生数は大きな影響を受ける。そして当然警察力などの治安面の取組みの水準によっても犯罪発生は左右されることになる。このような多様な犯罪要因を無視し、意図的な事例を抽出して一般的な結論を引き出すことは到底科学的な手法とは言えない。

さらに犯罪の内容を見るとオーランド市とアナハイム市で窃盗罪の中での「盗み」の多さが目につく。これは、観光客をターゲットにした置き引き等の犯罪の多さを示すものと言える。ディズニー等の観光エリアでは観光客が犯罪者になるのではなく犯罪の標的となっていること、そしてこれらの市における犯罪数の多さは観光客狙いの犯罪行為によるものと考えられる。

この点で、客がギャンブルで金を使い果たし、果ては借金を重ねることで、そこから犯罪者に転じる確率の高いカジノとは全く性格が異なるのであり、ディズニーとカジノをただ犯罪数という面だけで同列に論じるのは誤っている。犯罪の標的ではなく、犯罪者を増大させる点にカジノの特質があるのである。

ちなみに表3－12に見るように米国のカジノ都市上位15都市は、山間地のリゾート地であるポコノスや限定的なカジノ開業間もないニューヨークを除けば、どこも全米平均を大きく上回る犯罪都市となっており、カジノの街＝犯罪都市というイメージは誤った先入観ではない。カジノ自身がギャンブル依存者を増大させるだけではなく、客を貧しくし地域経済を衰退させることを考えれば、それは偶然とは言えない。

またカジノ訪問者の犯罪を正確に評価するならば、カジノから客が居住地に戻った後の犯罪数の動向をも把握する必要がある。また犯罪が観光客によるものか住民によるものなのかのデータの検討も必要であろうが、残念ながらそのようなデータは米国でも公表されていない。その結果、分母としては来客数を入れながら、分子ではその訪問客の犯罪を正確に算入できないことになっており、正確な評価を妨げている。

推進派は観光客の訪問数を分母にすれば犯罪発生率は増大していないと主張するわけで

表3-12　米国カジノ都市における犯罪率

		犯罪指数	暴力犯罪率	窃盗犯罪率	総犯罪率
1	ラスベガス　Nev	14	8.1	32.5	40.6
2	アトランティックシティ　NJ	2	17.6	61.8	79.4
3	シカゴランド　Ind	8	10.1	41.8	51.9
4	デトロイト　Mich	2	21.2	57.9	79.2
5	フィラデルフィア　Pa	9	11.6	37.0	48.6
6	セントルイス　Mo	1	17.8	69.7	87.5
7	ポコノス　Pa	24	5.6	25.3	30.9
8	トュニカ　Miss	6	2.9	52.4	55.3
9	カンザスシティ　Mo	3	12.6	55.6	68.2
10	シュレブポート　La	6	7.7	49.3	57.0
11	レイクチャールズ　La	7	6.4	47.2	53.6
12	ニューヨーク	22	9.1	23.3	32.4
13	レノ　Nev	16	5.2	33.0	38.2
14	ピッツバーグ　Pa	13	7.6	35.0	42.6
15	ニューオリンズ　La	10	8.2	38.3	46.5
	全米平均		3.9	28.6	32.5

出典：米国ゲーミング協会『States of States 2013』の「トップ20カジノ市場」よりインディアンカジノ以外で都市区域として検索可能なものである。
注：Neighborhood Scoutよりデータを利用した。犯罪指数は最も安全なものが100として指数化したもので、1の場合は危険上位1％グループとなる。

あるが、問題になるのはカジノを誘致した地域内の治安の悪化であり、一定地域内での犯罪数こそが重視されるべきである。一定地域内の犯罪数こそが、当該地域内の住民にとっての安全の問題であり、そしてその地域の観光地としてのブランド力を左右することになるからである。カジノ誘致による地域の治安の悪化による「犯罪都市」としてのイメージ増大は、一般観光客の減少を促し、ギャンブラーだけの訪問となることで観光面でのカジノ依存を深刻化させることになる。

　日本においても、ギャンブル依存症者は借金を積み重ね、経済的・精神的に追いつめられる中で犯罪に走る確率が高いのであり、東京や大阪のような大都市から秋田や沖縄のような地方で、日本が誇る治安が失われ「犯罪都市」を生み出していくことになりかねない。

第4章

アメリカのカジノに未来はない

カジノ大国が苦しむ31の理由

アメリカのカジノ都市は「犯罪都市」としての側面があると述べたが、それでも長らくカジノ産業の成功モデルとして扱われてきた。ラスベガスは言うまでもなくアトランティックシティ、そして貧しい街がカジノによって再生した象徴としてトュニカ（ミシシッピー州）がカジノによる経済活性化の成功事例として各自治体の調査でも挙げられてきた。

表４-１に見るように、１９３０年代以来ネバダ州のみで認められてきた商業カジノは、２０１２年現在では23州にまで広がり、インディアンカジノも含めると39州で９７９のカジノが運営され、その収益規模は６５１億ドルと言われる。そして、カジノ収益に飲食等の消費、ゲーム機メーカーへの需要、そして従業員の消費などを合わせた経済波及効果は２４００億ドルに達するとされる[*23]。この巨大なカジノ産業は１７０万人の雇用創出に貢献し、３８０億ドルの税収を生み出しているとして、「ゲーミングは、強力な経済成長エンジンであり、良き雇用と、重要な公共サービスの財源を賄い、地域経済を活性化させている」と誇る。

しかし、その米国で14年4月、ニューハンプシャー州議会（ＮＨ州下院）は、カジノ合法化法案を１７３対１７２という僅差とは言え否決した。南のマサチューセッツ州は10年

表4-1　過当競争の米国カジノ市場

	2007	2012
商業カジノ　収益(十億ドル)	37.5	37.3
カジノ数	508	513
合法化州	20	23
インディアンカジノ　収益(十億ドル)	26.7	27.8
カジノ数	424	466
合法化州	29	28

出典：American Gaming Association“State of States”National Indian Gaming Association“Growth in Gaming Revenues”
注：商業カジノには、リバーボートカジノ、レーストラックカジノを含む。

にカジノ合法化を議会が認めたが、市民の反対運動の盛り上がりで州民投票が14年秋に行われカジノ法は否決されたほか、具体的な開設地が決まらないまま停滞している。NH州の「ギャンブルの拡大に反対する花崗岩の州（NH州の愛称）連合」はカジノ合法化法案否決の大きな力となった。

　また、フロリダ州の反カジノ団体「ノーカジノ」製作のビデオ「プッシング・ラック」は、カジノ開業後のアトランティックシティで多くのレストラン等が淘汰され、スーパーマーケットの一つもない荒廃した街の現状を映像で生々しく告発している。カジノが地域社会と住民を豊かにするのではなく、略奪的ギャンブルの拡がりを通じて貧困を増大させ地域社会を荒廃しているとして、「ストップ略奪的ギャンブル」などの市民団体を中心とした米国各地でのカジノ反対の動きは全米レベルでの大きな運動に発展しつつある。

そして、公共政策としてのギャンブル推進に対する市民的議論を活性化する全国組織・カジノ審議会は、「なぜカジノは問題か―健康・社会科学の視点からの31の事実に基づいた命題」(13年)を発表している。以下は、90年代のカジノ合法化の拡がりによって「カジノがアメリカ社会の中心部に入り込んできた」にもかかわらず、その深刻な影響の拡がりが十分にまたは正確に理解されてこなかったことで提起された31の事実である。

①カジノ・ギャンブルは、今や23州に拡がり、アメリカ社会の隅っこから中心に躍り出て、気軽に車で行ける身近な存在になっている。

②ラスベガスのリゾート型カジノと異なり、全米に広がっているリージョナル型カジノは周辺住民を主要顧客としており、その結果、カジノは遠方のため年に1~2度しか行けない存在から週に何回も行ける存在になっている。また富裕層を顧客としたリゾート型カジノと異なり、中低所得者のスロットマシンで稼ぐリージョナル型カジノが主流となって

2012年春、24億ドルの建設費、2億ドルの税金でオープンしたアトランティックシティの「レベル」だったが、あえなく閉鎖。

いる。

③カジノ産業は、富裕層対象のテーブルゲームで稼ぐスタイルから、中低所得者対象のスロットマシンで稼ぐスタイルに大きく変貌を遂げつつある。スロットマシン数は91年の18・4万台から10年の94・7万台に急増し、カジノ収益の最大80％を稼ぐようになっている。

④現代のスロットマシンは、コンピュータプログラムで客が長くプレイするほどカジノ側が儲け、顧客側が必ず負けるように設計されている。

⑤スロットマシンは、ときおりの勝ちを与えることで、顧客が「より早く、より継続して、より賭けを繰り返す」ように誘導

することで「顧客当たりの収益」（REVAPC）を増大するように設計されている。
⑥スロットマシンは、他のギャンブルに比べてより依存症に追いやる危険性が高く、毎週行うギャンブラーの16％が問題ギャンブラーという調査結果もある。
⑦スロットマシンは、顧客が時間感覚と金銭感覚を失う陶酔状態（ゾーンと呼ばれる）に誘導することで依存症に追いやる性格を持っている。ゾーン状態に入った顧客は、賭けに勝つのが目的ではなく、そのゾーンに少しでも長く留まることが目的になるために、金を使い果たし滅びるまで賭けることになってしまう。
⑧カジノ収益はますます問題ギャンブラーに依存するようになっており、スロットマシンの収益の最大60％を占めるようになっている。
⑨カジノに近い住民ほど、カジノをする回数が増え、常連客ほど問題ギャンブラーになる危険性が高い。04年の大規模な調査によると10マイル以内の住民は2倍の依存症率となっている。
⑩問題ギャンブラーはカジノ合法化に伴い急増している。カジノ業界は問題ギャンブラーの比率は1％でわずかと主張するが、ギャンブル未経験者も対象にした調査は問題を過小評価することになっている。ギャンブル常習者を対象にした調査では15～20％が問題ギ

ャンブラーと推計される。
⑪問題ギャンブルは、家計の窮乏、債務の負担、不払いや不正、高利貸への依存と自己破産、仕事と家庭の喪失、児童虐待などをもたらすが、問題ギャンブラーは問題を隠し嘘をつくことで事態を深刻化させ、本人ばかりか家族や地域社会にまで大きな影響を与える。
⑫若い世代のカジノ経験率は高く、インターネットカジノの餌食となり、21歳以下でも問題ギャンブラーが拡がっている。
⑬カジノ内の労働者が問題ギャンブラーになる危険性にさらされている。
⑭24時間営業のカジノのシフト労働や喫煙が認められている環境で、健康を害し家族との関係を損なう危険性が高い。
⑮カジノの経済的利益は短期的で計測が容易であるが、その社会的コストは長期的に顕在化し計測が困難である。しかし、カジノは地元企業を淘汰し高利貸し等の企業の増大を招くことで経済的利益はやがて消えていく。また地域社会の絆を弱め、ボランティア活動を衰退させることで地域資本を減少させていく。その一方で社会的コストは増大し、04年調査では病的ギャンブラー一人当たりの社会的コストは最大１０３３０ドルと推計されている。

⑯カジノはカジノ客への報奨制度（コンプ）で客をリピート客にしていくが、それは地域社会の消費を減少させ、投資家利益等で地域外に資金が流出していくことになる。

⑰無料送迎や無料駐車場に無料飲食等のサービスを提供するカジノに対して地元企業は対抗するのが困難で廃業に追い込まれていく。アトランティックシティでは77年に２４２軒あった飲食店が、96年には１４２軒に減少した。

⑱カジノは、住宅差し押さえ等を通じて周辺の不動産価格の下落を招くことで資産価値を損なう。

⑲州政府とカジノ産業の連携（公共政策）によって作り出されたカジノは、税収源として優遇され、保護され、そして拡大されていく。公的支援がなければカジノが米国社会のメインストリームに躍り出てくることはなかった。

⑳州政府の財源としてのカジノの育成は、州民を不正で略奪的なやり方から守るという州政府の役割との間で「利益相反」を生み出している。そしてより多くの税収を求めることを多くの州政府は優先している。

㉑カジノから州民を守る「ベスト・プラクティス」として、ギャンブル宣伝の禁止、プレイの時間や速度の制限、カジノ内でのＡＴＭ等の設置禁止、スロットマシンでの休憩時

間の設定、アルコールの無料提供の禁止、時計の表示、カジノの信用供与の禁止、調査と教育啓蒙を行う財政的に独立した「問題ギャンブリング国立機関」の設置などが提案されてきたがほとんど採用されていない。

㉒州政府の問題ギャンブラーに対する救済制度は、資金不足とカジノ産業依存のため十分な治療活動や防止活動が行えていない。

㉓経営危機になったカジノに対して州政府は、資金的援助や減税、禁煙の緩和などの支援を行っている。

㉔州内外でのカジノの増大は、カジノ市場の飽和化、税収の減少、経営危機を引き起こすことで負のスパイラルを発生させる。カジノの経済的効果は長期的にはマイナスかゼロサムとなるが、それに対する各州の一層のカジノ拡大は問題を一層深刻化させる。

㉕かつては高所得者層を収益源としていたカジノが、ますます低所得者層から収益を上げるようになっているが、そこからの税収は一種の逆進性のある税と同じである。その一方で累進性のある税の減税を進めることは、低所得者層から富裕層への富の移転を促進することになっている。

㉖アメリカン・ゲーミング協会が96年に設立した「責任あるゲーミングのためのナショ

ナルセンター」（NCRG）がギャンブル依存症の調査に中心的な役割を果たしている。その95万ドル（13年）の研究助成金は、エール大学ギャンブリング調査センターやミネソタ大学、シカゴ大学に提供されている。

㉗カジノ産業が資金提供している調査は、依存症問題に集中しており、ギャンブル依存症をもたらすスロットマシンの設計、プレイヤーの特性、カジノ産業の手法や技術革新などは対象とされていない。

㉘低所得者層へのカジノの普及は、貧富の格差を拡大することで教育や結婚、仕事、遊び等での格差分断を拡大している。

㉙税収を求める超党派でのカジノ推進は、その政策が公共の福祉を高めているのか、社会的経済的不公平を是正しているのか、我々みんなが誇れる普遍的な価値観をもたらしているのか、多くの思想家が本質的と見なしてきた理念に反していないか、人間的、社会的、道徳的な財産を築いているのか、人々を傷つけていないか、公正なのかという倫理的疑念を高めている。

㉚スロットマシンは、儲けることができると誘惑しながら、必ず客が負けるように設計されている。そのようなギャンブルに人々の金をつぎ込ませることは歴史的に見ても非倫

理的である。

㉛ギャンブルを楽しい娯楽であり国民的な余暇であると奨励することは、ギャンブルを社会にとって有害と見なしてきた歴史を覆すものである。ギャンブルの有害性を問題ギャンブラーだけに限定する医学的見地等は、第１に圧倒的な健全なギャンブラーとほんの一握りの問題ギャンブラーに国民を分類し、第２にギャンブルの有害性を限定的で処理可能なものと見なし、第３にギャンブル問題を個人責任と専門家の責任に委ねることで、政府等の公的責任を免罪する結果となっている。

カジノとは何かを「肌で」経験した米国で、このようにカジノ拡大に「ノー」を突きつける運動が拡大している。ニューハンプシャー州は、カジノ合法化が州財政と地域経済に大きな犠牲をもたらす可能性があることを示した、超党派の調査委員会の報告書を踏まえてカジノ合法化を拒絶したが、「いかに迅速にではなく、いかに慎重に政策判断するかが重要」という委員会の指摘は、まさにいま日本において耳を傾けるべき警鐘であろう。

米国ゲーミング協会は「カジノは米国経済成長のエンジン」と述べるが、現実に進んでいるのはカジノ産業の行き詰まりであり、とりわけリーマンショック以降の米国カジノ産業の斜陽化である。米格付け機関ムーディーズは14年7月に米国カジノ産業の見通しを「ネガティブ」に変更、15年に入って米国最大のカジノ運営会社シーザーズの破綻（連邦破産法11条の申請）が報じられている。シーザーズの経営破綻は、カジノが決して経済成長のエンジンではなく、経済成長の恩恵を「収奪」する産業でしかないことを示している。

米国の商業カジノは、ラスベガスやアトランティックシティに代表されるリゾート型カジノ（IR型カジノ）と、その他の都市でのリージョナル型カジノに分けられるが、その両者においてカジノ依存の経済が破綻している。それは、「トュニカの奇跡」と称賛されてきたミシシッピー州トュニカのカジノも例外ではなかった。

「トュニカの奇跡」は終わった

「アメリカのエチオピア」とまでたとえられた貧しい街トュニカ。その街がカジノで再生したとして「トュニカの奇跡」と称賛されてきたミシシッピー州トュニカで14年6月に街最大のカジノ「ハラス」が閉鎖した。テネシー州の主要都市メンフィスに近い州境に位置するトュニカは、隣州からのギャンブル客で繁栄してきた。しかしカジノ合法化州の拡大などの影響で来客数と収益の急減に見舞われ、カジノ依存の経済の破綻に直面している。

表4-2　ミシシッピー州北部のカジノ比較

		スロット	テーブル	ホテル	雇用	タイプ	備考
1	Bally's Tunica	943	16	238	391(23)	単独型	
2	Fitzgerald' Casino	1057	20	506	569(103)	単独型	飲食店のみ
3	Gold Stike Casino Resort	1370	59	1133	1110(237)	単独型	
4	Hollywood Casino	1095	21	494	450(64)	単独型	プールのみ
5	Horseshoe Casino and Hotel	1116	75	507	1439(56)	IR型	レストラン、バー、ショールーム、土産店、プール
6	Isle of Capri	909	20	485	442(0)	単独型	ダイニング、 コンサート
7	Resort Tunica Hotel & Casino	812	14	201	439(43)	単独型	
8	Sam's Town	1219	30	842	523(82)	単独型	
9	Tunica Roadhouse	700	24	135	455(43)	単独型	土産店、プール、バー、レストラン
		9221	279	4541	5818(651)		

出典：Mississippi Gaming Commission Public Information

　ミシシッピー州のカジノ産業は、沿岸部（ガルフコースト）とミシシッピー川沿いに設置されている。90年のカジノ合法化では陸上型ではない「ドックサイド型」という桟橋に接続された船上に設置されたカジノだけが認められていたからである。表4-2に見るように、トュニカのカジノは、ミシシッピー川北部に位置しているカジノホテルに飲食店や土産物店などが併置されているだけのリージョナル型カジノである。これに対してガルフコーストのカジノは、ホテル、飲食店、土産物店の他にエンターテインメント施設やコンベンション施設が設置されたリゾート型カジノが多い。

　このリージョナル型カジノとリゾート型

カジノの両者共に急激な来客数の減少に見舞われている。州全体では00年の5602万人から13年には2478万人に半減している。ガルフコースト（沿岸部）も2722万人から1478万人であるが、とりわけトュニカ（川北部）は2998万人から602万人という急減ぶりである（表3－4）。収益としては、州全体ではピーク時（07年）の28・9億ドルから19・0億ドル（14年）の減少であり、ガルフコーストも13・0億ドルから9・9億ドル、トュニカ地区もピーク時の16・6億ドルから9・1億ドルの減少に見舞われている（表3－3）。

ミシシッピー州のカジノ産業の衰退の大きな要因は、隣接州のカジノ合法化による競争激化と言われている。州外からの来客数の減少も顕著であり、州民比率は00年の31・1％から13年36・2％へと州民依存を高めている。カジノに足を運ぶ州民もまた大きく減少しており、カジノ産業というものの持続性のなさを示していると言える。

この結果、トュニカのカジノ雇用も1・3万人から0・6万人、税収も4730万ドルから2830万ドルに減少したと報じられているが、州全体のカジノ税収もピーク時（08年）の3・4億ドルから14年には2・5億ドルに減少し、州財政に占めるカジノ税収の比率は06年の5％から13年には2％と半減している。

表4-3　米国カジノ市場の斜陽化

単位：百万ドル

		開業年	種類	2000	2006	2007	2008	2009	2010	2011	2012	2013	減収州
1	ネバダ	1931	LBC	9309	11,809	12,481	12,041	10,515	9,907	10,167	10,284	10,396	-2,085
2	ニュージャージー	1978	LBC	4208	5,167	4,889	4,500	3,943	3,538	3,300	3,051	2,862	-2,305
3	ミシシッピー	1992	D, LBC	2649	2,571	2,892	2,721	2,467	2,389	2,239	2,251	2,137	-755
4	インディアナ	1995	RiC,LBC,RaC	1601	2,473	2,628	2,571	2,799	2,672	2,774	2,723	2,563	-236
5	ルイジアナ	1993	RiC,LBC,RaC	1591	2,384	2,547	2,607	2,541	2,366	2,389	2,394	2,412	-195
6	イリノイ	1991	RiC	1658	1,923	1,983	1,569	1,429	1,373	1,478	1,638	1,551	-432
7	ミズーリ-	1994	RaC	978	1,570	1,600	1,636	1,704	1,748	1,806	1,795	1,745	-61
8	ミシガン	1999	LBC	744	1,303	1,335	1,360	1,339	1,378	1,424	1,417	1,350	-74
9	アイオワ＊	1991	RiC,LBC,RaC	0	1,149	1,320	1,415	1,413	1,364	1,379	1,466	1,444	29
10	ウエストバージニア	1994	RaC, LBC	283	942	973	943	946	837	801	921	796	-177
	小計			23,021	31,291	32,648	31,363	29,096	27,572	27,757	27,940	27,256	-5,392
11	コロラド	1991	LB	632	782	816	716	735	760	750	760	761	-55
12	デラウェア	1995	RaC	485	652	612	589	564	532	475	448	374	-250
13	ニューメキシコ＊	1999	RaCS	0	624	679	711	706	691	713	740	762	
14	ロードアイランド＊	1992	RaS	119	417	417	472	465	476	513	527	521	
15	サウスダコタ	1989	LBC（100ドル上限）	0	85	94	102	102	104	102	104	107	
16	ニューヨーク	2004	RaCS	0	330	641	915	986	1,050	1,136	1,581	1,825	
17	オクラホマ	2005	RaCS	0	0	0	0	0	100	106	113		
18	メイン	2005	LBC、RaC	0	21	42	43	57	61	60	99	126	
19	フロリダ	2006	RCS	0	0	99	241	208	276	357	411		
20	ペンシルバニア	2007	LBC, RaC	0	32	1,039	1,616	1,965	2,486	3,025	3,158	3,113	
21	カンザス	2009	LB公営	0	0	0	0	0	20	40	197	361	
22	メリーランド	2010	LBC	0	0	0	0	0	0	103	195	561	
23	オハイオ	2012	LBS, RaS	0	0	0	0	0	0	0	430	1,071	
	小計			1,236	2,943	4,439	5,405	5,788	6,556	7,380	8,763	9,582	
	合計			24,257	34,234	37,087	36,768	34,884	34,128	35,137	36,703	36,838	

出典：American Gaming Association “State of States 2013”、UNLV Center for Gaming Research、各州カジノ管理委員会等の資料

この「トュニカの奇跡」の終焉、そしてミシシッピー州カジノ産業の衰退は、実はトュニカそしてミシシッピー州だけの問題ではない。「トュニカの破綻の背景に、余りにも少ない賭け金を追い求めるカジノが多いというカジノ市場の飽和化」[*24]があるように、全米のカジノ産業自体が収益減に直面しているのである。

表４－３に見るように、07年に約３７１億ドルに達した米国商業カジノの収益は、リーマンショック以降の不況の影響で10年には３４１億ドルまで減少した後に、13年には３６８億ドルにまで回復した。米国ゲーミング協会が言うように経済危機の影響を克服したように見えるが、それは新たに参入した州のカジノ収益を加えた結果でもある。

カジノ合法化に先行した収益規模上位10州で見ると、07年３２６億ドルから13年２７３億ドルへと減少に歯止めがかかっていない。アトランティックシティを抱えるニュージャージー州は言うまでもないが、ネバダ州もラスベガス・ストリップ以外は減少し続けている。減少州は９州を数え、唯一増大しているアイオワ州も来客数は減るなかでスロット・マシンとテーブル・ゲームでの胴元側の取り分を増大させた結果の増収である。

ニューヨーク・タイムズの「カジノギャンブリングの混みあった市場」によれば、米国東海岸の住民の半数がカジノから25マイル以内に住むほどにカジノの拡散が進んでおり、過当競争で古いカジノの減収と破綻の一方で「未開拓地」へのカジノ進出が相次ぐという現象が拡がっているという。

米国カジノ産業の斜陽化の背景としては、リーマンショック以降の経済的停滞、貧富の格差拡大とともに、従来型カジノの過当競争に加えたオンライン・カジノの成長も指摘されている。従来型カジノが市場の飽和化に直面するなかで、収益（税収）を維持しようとした州政府の後押しを受けてカジノ開設・カジノ間競争が激化するという悪循環の象徴がシーザーズの経営破綻なのである。カジノビジネスの成功は極めて短期的で、長期的には破滅に向かう危険性の高さがわかるだろう。

アトランティックシティのシナリオ

ラスベガスに次いで76年にカジノ合法化を行ったアトランティックシティは長年ラスベガスと並んで米国カジノ産業繁栄の象徴とされてきた。しかし、14年1月のアトランティッククラブの閉鎖を機に年末までに12カジノ中4カジノが閉鎖に追い込まれるなどカジノ産業の危機が一気に噴出した。表4‐4に見るように、カジノの相次ぐ閉鎖で雇用と賃金の約25％が一気に失われる事態となっている。

表4-4　アトランティックシティのカジノの諸経費

単位：千ドル

		TG（台数）	Slot（台数）	カジノ収益	販促費	純収益	GR Tax	カジノ比率	宿泊飲食	コンプ	コンプ率	雇用	賃金	平均
1	Atlantic Club	58	1,484	127,175	19,246	107,929	8,634	80.0%	29,641	18,642	62.9%	1,741	42,436	24.4
2	Revel	148	2,410	122,316	5,546	116,770	9,342	61.1%	49,837	16,457	33.0%	3,516	70,360	20.0
3	Showboat	114	2,294	225,410	27,927	196,452	15,716	70.6%	81,816	49,222	60.2%	2,308	54,843	23.8
4	Trump Plaza	64	1,594	102,506	16,795	85,619	6,850	72.0%	35,058	18,045	51.5%	1,177	34,438	29.3
	破綻カジノ小計	384	7,782	577,407	69,514	506,770	40,542		196,352	102,366		8,742	202,077	
	破綻カジノ比重	23.6%	28.9%	18.9%	20.4%	18.7%	18.7%		18.4%	17.9%		25.2%	24.8%	
5	Bally's AC	138	2,322	296,028	37,469	258,559	20,685	71.9%	103,160	58,836	57.0%	3,418	79,548	23.3
6	Borgata	261	3,305	612,691	58,853	553,839	44,307	67.4%	253,100	124,369	49.1%	5,936	145,892	24.6
7	Caesars	177	2,193	358,565	37,574	320,020	25,602	75.8%	92,213	58,798	63.8%	2,996	74,150	24.7
8	Golden Nugget	91	1,506	130,451	5,674	124,863	9,989	73.7%	33,669	16,658	49.5%	1,779	40,292	22.6
9	Harrah's	179	2,626	399,240	40,418	358,836	28,707	68.0%	159,931	85,964	53.8%	3,924	83,985	21.4
10	Resorts	70	1,935	130,833	15,898	115,297	9,224	71.1%	47,627	29,078	61.1%	1,962	42,714	21.8
11	Tropicana	143	2,677	249,994	27,703	222,291	17,783	70.8%	88,402	39,760	45.0%	2,918	69,937	24.0
12	Trump Taj Mahal	187	2,535	295,492	46,921	248,591	19,887	72.8%	95,389	54,896	57.5%	3,051	75,887	24.9
	合計	1,630	26,881	3,050,701	340,024	2,709,066	216,726	70.60%	1,069,843	570,725	53.3%	34,726	814,482	23.5

出典：New Jersey Casino Control Commission “2012 Annual Report”

注：①テーブルゲーム（TG）は、ブラックジャック594、ポーカー338、ルーレット141、ミニバカラ112,スリーカードポーカー96の上位5つの1281で、16TGの78.6%を占めている。スリーカードポーカー96の上位5つの1281で、16TGの78.6%を占めている。

②スロットは1セント&2セントの12230、5セント1670など1ドル以下5機種が19595機で全10種中72.9%を占めている。最高額は100ドルで97機となっている。

③カジノ収益中、TG8億6504万ドル（28.3%）、スロット21億9106万ドル（71.7%）となっている。スロットでは1ドル以下の機種が15億5036万ドル（70.8%）を占めている。カジノ収益全体では50.7%となっている。また1セント&2セントで9億1895億ドルでスロットの41.9%、全体の30.0%を占めている。

アトランティックシティのカジノ産業の危機は突然訪れたのではなかった。表4‐5に見るように、06年の収益51億ドルが13年には29億ドルに減少するなどリーマンショック以降、来客数と収益の減少に直面し、半数のカジノが赤字経営という状態の中で、課税対象であるテーブル数やスロットマシン数を減らし、そして雇用・賃金削減などのリストラで対応した末に14年の劇的な破綻連鎖に至ったのである。

実はアトランティックシティは、ニューヨーク州やペンシルバニア州などの周辺州でのリージョナル型カジノの拡大に対して「カジノ依存からデスティネーション・リゾートへの脱却」で対応しようとしてきた。カジノとホテルだけではない、エンターテインメント施設、会議施設、スパ、高級レストラン、ショッピングモールの強化というIR型カジノ化を進めてきた。その象徴がIR型カジノの期待の星として24億ドルが投じられて12年春に開業したレベルであったが、わずか2年半で閉鎖に追い込まれた。アトランティックシティのカジノ崩壊は、IR型カジノの崩壊を意味し、カジノが地域活性化の「魔法の杖」ではなかったことを明らかにした。

この連鎖破綻の真因は、やはりコンプ・サービスの欠陥にある。アトランティックシティの場合は、このコンプの比率はカジノ収益の3割から4割を占め、宿泊飲食部門の収入の53％がこのカジノ収益からの補塡で占められている。さらにＩＲ型カジノとしての各施設建設のための投資や維持費用が大きな負担としてのしかかることになる。

たとえば、03年にオープンして大型コンベンション施設やエンターテインメント施設、そして高級レストランやショッピング店を展開するボルゴタは、表４‐６に見るように総収益９・１億ドル（カジノ収益６・２億ドル）のアトランティックシティ最大のカジノであるが赤字経営となっている。総収益に占めるカジノ収益の比率は67・４％であり、ＩＲ全体の収益エンジンとなっていると言える。そしてそのカジノ収益中の２・２億ドルがコンプとして使われているのである。

コンプの対象は、宿泊費、飲食費、ギャンブル代、現金贈与、エンターテインメント、商品券など多彩であり、その延べ人数は１１５５万人である。カジノ収益の35・４％が非課税のコンプ費用に使われているのである。そしてこのコンプ比率は、カジノ収益が07年の７・５億ドルから減少する一方で26・２％から35・４％へ増大し、総収益からコンプ費用を引いた純収益をより圧迫する結果となっている。

ボルゴタの13年の純収益は約７・０億ドルであるが、そこからカジノ税や人件費、管理費などの営業経費５・７億ドルを引いた営業収益が１・２億ドルとなる。しかしここから

表4-5　アトランティックシティのカジノ収支

	2003	2004	2005	2006	2007	2008	2009	2010
カジノ数	12	12	12	12	12	12	12	12
テーブル数		1,360	1,606	1,658	1,615	1,635	1,607	1,573
スロット数		41,921	41,231	35,848	35,615	34,123	30,782	28,113
訪問客（千人）	32,224	33,313	34,924	34,534	33,300	31,813	30,381	29,328
飛行機	261	261	261	260	260	250	240	292
雇用数（年末）	46,159	45,501	44,542	42,545	40,788	38,585	36,377	34,145
賃金（千ドル）	1,106,720	1,124,272	1,110,975	1,122,123	1,059,180	1,038,179	948,966	920,964
総収入（千ドル）	5,504,551	5,957,869	6,264,017	6,528,927	6,256,038	5,839,136	5,169,278	4,800,265
純収入（千ドル）	4,342,299	4,639,317	4,882,132	5,068,283	4,820,411	4,477,074	3,885,249	3,576,961
営業純益（千ドル）	701,005	722,682	791,660	837,130	681,535	406,581	215,586	97,460
税引き前利益（千ドル）	153,621	163,522	425,900	459,432	-39,433	-942,360	-894,704	101,090
赤字カジノ数	5	6	5	3	5	10	8	6
純益（千ドル）	82,906	109,468	548,170	365,250	-59,746	-1,050,998	-670,327	116,247
赤字カジノ数	6	6	4	3	6	10	7	6
納税額（千ドル）	358,459	384,579	401,461	417,528	393,707	360,250	295,309	260,940

出典：New Jersey Casino Control Commission "Economic Impact Report Atlantic City Gaming Industry"
注：2003年より発刊されているが、最新版は2011年第二四半期までとなっている。
　ACのカジノ数が12軒となったのは1987年であり、その後変化はなかった。

減価償却費や債務返済費などを引くと約0・6億ドルの赤字となってしまう。

表4‐6を見ると、営業経費が高水準で高止まりする中で、収益エンジンであるカジノ収益の減少が営業収益を大幅に減少させ、それが高水準の減価償却費や債務返済費をカバーしきれなくなって、純益が07年の1・4億ドルから赤字へと転落していることが分かる。この収益悪化の過程で、高金利の銀行借入部分が増大し金利支払額が急増し、かつリストラ費の発生で大きく赤字幅を拡大させている。その過程でコンプ費用は増加させられており、コンプ提供によるサービス強化でカジノ収益を維持するため、無料でのギャンブルを提供している。

カジノ収益最大のボルゴタでも赤字経営に追い込まれている状況は、その他のカジノではより一層深刻な経営危機となって顕在化している。たとえば、シーザーズ系のカジノであり、カジノ閉鎖の先頭を切ったアトランティッククラブは、表4‐7に見るようにカジノ収益が07年の3億ドルから13年には1・4億ドルに半減しているが、そのコンプ費用の比率は13年には44%に達している。そして純収益を営業経費が上回る状態が09年から継続しているが、そこに減価償却費や債務返済費等を引いた純益としては07年以来赤字状態となっている。深刻なのは収益力が低下した結果、資産の時価評価額の低下を反映した減損

表4-6　IR型カジノ・ボルゴタの収益構造

単位：千ドル

Borgata

	2007	2008	2009	2010	2011	2012	2013
総収益	1,034,679	1,044,463	990,601	949,785	954,520	903,539	913,516
カジノ	748,649	734,306	691,428	643,904	648,442	609,128	615,734
部屋	100,898	110,616	113,143	115,199	115,548	112,709	113,195
飲食	141,061	147,334	143,410	147,751	148,083	140,391	140,292
販促控除	196,036	213,974	213,193	211,356	224,246	217,317	217,816
純収益	838,643	830,489	777,408	738,429	730,274	686,222	695,700
営業経費	-593,661	-629,391	-573,023	-563,763	-567,716	-566,639	-574,087
営業収益	244,982	201,098	204,385	174,666	162,558	119,583	121,613
償却費	-68,576	-76,096	-78,719	-69,640	-61,745	-63,956	-60,908
その他経費	-38,732	-38,743	-6,487	-55,532	-90,670	-82,071	-121,785
金利	-31,194	-29,049	-27,668	-50,199	-84,772	-82,902	-81,335
純益	141,332	83,289	108,241	44,221	8,405	-25,191	-56,577
コンプ／カジノ	26.2%	29.1%	30.8%	32.8%	34.6%	35.7%	35.4%
コンプ／総収益	18.9%	20.5%	21.5%	22.3%	23.5%	24.1%	23.8%

⬇

	2013
コンプ	人数
部屋	606,359
食事	1,393,175
飲み物	5,939,853
ゲーム	2,814,840
現金贈与	532,952
娯楽	127,082
小売	44,768
その他	87,593
合計	11,546,622
	金額
部屋	70,792
食事	32,486
飲み物	19,305
ゲーム	70,371
現金贈与	13,324
娯楽	5,083
小売	2,238
その他	4,217
合計	217,816

出典：The State of New Jersey, Division of Financial Evaluation Reporting Manualにおける各カジノの四半期報告より作成

表4-7　IR型カジノ・アトランティッククラブの収益構造

Atlantic Club

単位：千ドル

	2007	2008	2009	2010	2011	2012	2013
総収益	377,414	310,664	237,100	202,613	176,498	157,333	174,126
カジノ	301,665	245,082	189,093	161,593	143,489	125,920	140,746
部屋	21,625	20,365	16,021	14,743	11,818	11,932	11,788
飲食	42,750	36,104	25,843	21,984	18,153	17,709	18,986
販促控除	109,800	93,744	71,870	58,443	49,822	53,544	61,884
純収益	267,614	216,920	165,230	144,170	126,676	103,789	112,242
営業経費	-236,133	-213,446	-182,163	-163,428	-146,546	-122,979	-124,980
営業収益	31,481	3,474	-16,933	-19,258	-19,870	-19,190	-12,738
償却費	-18,783	-15,312	-9,807	-3,390	-5,884	-7,560	-4,660
その他経費	-34,987	-105,393	-295,508	-38,102	-12,350	-243	10,296
金利	-34,144	-21,303	-17,631	-22,557	-21,522	-1,118	-1,652
純益	-26,939	-119,929	-324,114	-62,093	-39,425	-43,265	-8,297
コンプ／カジノ	36.4%	38.3%	38.0%	36.2%	34.7%	42.5%	44.0%
コンプ／総収益	29.1%	30.2%	30.3%	28.8%	28.2%	34.0%	35.5%

	2013
コンプ	人数
部屋	301,808
食事	679,655
飲み物	1,658,800
ゲーム	268,489
現金贈与	7,836
娯楽	13,163
小売	0
その他	13,442
合計	2,949,618
	金額
部屋	8,499
食事	9,442
飲み物	4,313
ゲーム	37,536
現金贈与	1,463
娯楽	263
小売	0
その他	202
合計	61,884

出典：The State of New Jersey, Division of Financial Evaluation Reporting Manualにおける各カジノの四半期報告より作成

注：2010年にアトランティックヒルトンから変更

処理に追い込まれることである。

アトランティッククラブは、08年と09年に巨額の減損処理を行った結果、09年には総収益2・4億ドルを上回る3・2億ドルの赤字に追い込まれている。資産償却の結果、償却費等の負担は減少したが、新規投資のストップは顧客減に拍車を掛けるという悪循環に陥ったとも言える。ところでシーザーズ社は、このほかにバリー、ハラスリゾート、シーザーズの3カジノを保有しているが、どれも13年には巨額の赤字へと追い込まれている（表4－8、4－9、4－10）。いずれも4割近いコンプ比率に高水準の営業経費と減価償却費、債務負担費のなかでカジノ収益の減少が最終純益の赤字を結果し、その収益力の悪化で巨額の減損処理に追い込まれるというパターンである。そしてこのパターンはほかの全てのカジノに共通したものとなっており、ここにリゾート型カジノ（IR型カジノ）の構造的脆弱性が確認できるのである。

ラスベガスも安泰ではない

このようなIR型カジノの構造的脆弱性は、ラスベガスのIR型カジノでも確認できる。

米国カジノ産業の繁栄の「最後の砦」として扱われてきたラスベガスの赤字経営の実態を

表4-8　IR型カジノ・バリーの収益構造

Bally's

単位：千ドル

	2007	2008	2009	2010	2011	2012	2013
総収益	809,647	709,187	606,167	558,539	509,645	413,608	346,399
カジノ	643,720	564,580	474,382	425,345	377,311	297,259	243,944
部屋	62,290	52,195	48,805	49,318	51,186	48,725	45,073
飲食	80,559	73,843	68,429	68,961	66,301	54,435	44,571
販促控除	187,299	159,649	145,465	144,237	140,984	111,339	90,910
純収益	622,348	549,538	460,702	414,302	368,661	302,269	255,489
営業経費	-461,436	-419,985	-358,198	-343,084	-319,914	-240,994	-221,990
営業収益	160,912	129,553	102,504	71,218	48,747	61,275	33,499
償却費		-37,791	-37,150	-36,926	-35,940	-36,189	-23,582
その他経費	-54,871	-144,976	-49,551	-50,680	-56,214	-52,239	-677,570
金利	-49,821	-49,790	-49,937	-49,911	-49,704	-49,650	-49,765
純益	13,424	-86,137	-5,949	-27,420	-45,022	-60,243	-452,775
コンプ／カジノ	29.1%	28.3%	30.7%	33.9%	37.4%	37.5%	37.3%
コンプ／総収益	23.1%	22.5%	24.0%	25.8%	27.7%	26.9%	26.2%

出典：The State of New Jersey, Division of Financial Evaluation Reporting Manualにおける各カジノの四半期報告より作成

表4-9　IR型カジノ・ハラスの収益構造

Harrah's Resort

単位：千ドル

	2007	2008	2009	2010	2011	2012	2013
総収益	659,572	708,247	661,333	638,115	629,462	584,754	530,881
カジノ	513,192	538,776	485,797	450,782	436,500	397,571	352,356
部屋	57,200	64,644	71,759	78,263	79,242	74,771	72,985
飲食	65,003	78,206	77,921	82,552	85,455	85,160	78,563
販促控除	165,260	172,137	167,420	159,094	162,338	144,061	129,181
純収益	494,312	536,110	493,913	479,021	467,124	440,693	401,700
営業経費	-328,509	-372,046	-345,455	-344,461	-354,751	-313,779	-299,549
営業収益	165,803	164,064	148,458	134,560	112,373	126,914	102,151
償却費	-48,871	-53,860	-53,685	-54,365	-51,220	-52,111	-42,907
その他経費	-61,051	-262,629	73,972	-25,892	-34,734	-15,907	-1,069,929
金利	-52,000	-77,753	-47,228	-44,139	-37,524	-36,310	-28,118
純益	31,542	-181,536	75,269	7,201	-12,265	890	-660,532
コンプ／カジノ	32.2%	31.9%	34.5%	35.3%	37.2%	36.2%	36.7%
コンプ／総収益	25.1%	24.3%	25.3%	24.9%	25.8%	24.6%	24.3%

出典：The State of New Jersey, Division of Financial Evaluation Reporting Manualにおける各カジノの四半期報告より作成

表4-10　IR型カジノ・シーザーズの収益構造

Caesars　　　　単位：千ドル

	2007	2008	2009	2010	2011	2012	2013
総収益	700,684	654,107	562,337	512,372	506,011	470,642	444,295
カジノ	584,612	543,111	459,893	408,614	403,283	356,650	334,989
部屋	38,135	36,261	37,114	38,576	39,752	37,002	37,426
飲食	61,337	58,340	49,707	49,508	46,208	55,211	53,554
販促控除	148,166	135,945	133,162	128,891	125,647	125,551	119,475
純収益	552,518	518,162	429,175	383,481	380,364	345,091	324,820
営業経費	-367,781	-364,695	-319,872	-311,624	-293,034	-262,233	-255,310
営業収益	184,737	153,467	109,303	71,857	87,330	82,858	69,510
償却費	-56,644	-53,318	-46,816	-49,372	-47,713	-49,150	-40,253
その他経費	-49,586	-421,465	-224,480	-59,472	-48,632	-48,266	-726,599
金利	-44,778	-44,658	-47,183	-44,495	-44,195	-44,400	-44,215
純益	32,155	-355,474	-181,650	-37,031	-26,655	-27,479	-484,891
コンプ／カジノ	25.3%	25.0%	29.0%	31.5%	31.2%	35.2%	35.7%
コンプ／総収益	21.1%	20.8%	23.7%	25.2%	24.8%	26.7%	26.9%

出典：The State of New Jersey, Division of Financial Evaluation Reporting Manualにおける各カジノの四半期報告より作成

検証したい。

２６３カジノを有するネバダ州は、表４‐11に見るように現在カジノ収益の減少に直面している。ラスベガスに次ぐ州内第２位のカジノ都市レノの凋落《ちょうらく》は著しいが、その中でラスベガスはリーマンショック以降の落ち込みから順調に回復していると言われている。実際、リーマンショック以前のピーク時には戻っていないが10年以降は増加傾向にある。しかしそのラスベガスでさえカジノ産業全体としては大きな赤字となっている。

表４‐12に見るように、州全体では13・５億ドルの赤字であるが、ラスベガス・ストリップの43カジノで15億ドルの赤字を生

表4-11　ネバダ州のカジノ収益の推移

単位：百万ドル

	98年度	99年度	07年度	10年度	13年度	変化99～	変化07～	変化10～
州全体	7,873.9	8,497.7	12,739.1	10,327.4	10,905.4	2,407.7	-1,833.7	578.0
クラーク郡	6,207.3	6,734.6	10,743.2	8,806.2	9,441.2	2,706.6	-1,302.0	635.0
LV Strip	3,760.5	4,120.0	6,753.9	5,620.5	6,285.7	2,165.7	-468.2	665.2
Downtown	685.0	668.9	623.1	504.8	502.1	-166.8	-121.0	-2.7
North LV	177.0	203.6	306.9	275.6	260.9	57.3	-46.0	-14.7
Laughlin	483.7	510.5	630.1	480.3	457.1	-53.4	-173.0	-23.2
Boulder Strip	475.7	536.2	916.6	771.1	784.9	248.7	-131.7	13.8
Mesquite	na	87.4	163.2	116.8	114.0	26.6	-49.2	-2.8
Balance of County	625.3	607.9	1,349.4	1,037.1	1,036.6	428.7	-312.8	-0.5
Washoe郡	1,009.4	1,038.8	1,069.6	788.5	741.0	-297.8	-328.6	-47.5
Reno	na	783.3	767.4	571.7	538.1	-245.2	-229.3	-33.6
Sparks	na	157.5	174.0	128.2	119.7	-37.8	-54.3	-8.5
North Lake Tahoe	na	40.6	43.5	28.0	26.9	-13.7	-16.6	-1.1
Balance of County	na	57.5	84.7	60.7	56.2	-1.3	-28.5	-4.5
South Lake Tahoe 郡	290.6	326.7	332.6	219.7	211.5	-115.2	-121.1	-8.2
Elko 郡	1,980.0	212.9	289.0	260.0	258.9	46.0	-30.1	-1.1
Wendover	na	115.0	181.2	165.1	162.7	47.7	-18.5	-2.4
Balance of County	na	97.9	107.8	95.0	96.2	-1.7	-11.6	1.2
Carson Valley Area 郡	76.4	84.7	122.6	101.2	97.8	13.1	-24.8	-3.4
その他	92.3	100.1	182.2	151.8	154.9	54.8	-27.3	3.1

出典：ネバダ州 Gaming Control Board Nevada Gaming Revenues and Collections

表4-12　ネバダ州のカジノ産業の収支

単位：千ドル

	州全体	ラスベガス・ストリップ	うち大手	大手／州	ストリップ／州
カジノ数	263	43	23	8.7%	16.3%
総収益a	23,075,800	15,538,620	14,332,193	62.1%	67.3%
ゲーミング	10,395,664	5,751,646	5,293,675	50.9%	55.3%
宿泊	4,788,238	3,928,746	3,591,336	75.0%	82.0%
食事	3,454,352	2,414,026	2,249,775	65.1%	69.9%
飲み物	1,660,037	1,194,267	1,089,344	65.6%	71.9%
その他	2,777,510	2,249,935	2,108,063	75.9%	81.0%
販売費b	1,820,165	1,076,120	979,342	53.8%	59.1%
部門経費c	12,022,139	8,236,712	7,521,672	62.6%	68.5%
部門利益(d=a-b-c)	9,233,497	6,225,788	5,831,179	63.2%	67.4%
共通管理経費e	10,582,490	7,722,369	6,956,597	65.7%	73.0%
宣伝費	372,918	193,350	174,956	46.9%	51.8%
コンプ	189,939	58,203	46,679	24.6%	30.6%
償却費	2,373,053	1,822,498	1,685,163	71.0%	76.8%
金利	2,932,770	2,593,584	2,346,131	80.0%	88.4%
音楽娯楽	309,709	284,117	282,047	91.1%	91.7%
人件費関係	1,699,381	1,046,990	922,396	54.3%	61.6%
不動産税・ライセンス	264,481	187,604	175,661	66.4%	70.9%
連邦税前純益d-e	-1,348,993	-1,496,580	-1,125,418	83.4%	110.9%
雇用　全体	169,908	99,732	87,371	51.4%	58.7%
カジノ	42,357	23,062	20,010	47.2%	54.4%
宿泊	29,876	20,911	18,321	61.3%	70.0%
食事	43,614	23,930	21,200	48.6%	54.9%
飲料	11,692	6,313	5,304	45.4%	54.0%
管理	29,332	16,292	14,170	48.3%	55.5%
その他	13,037	9,224	8,366	64.2%	70.8%

出典：ネバダ州ゲーミング管理委員会「Nevada Gaming Abstruct」(2013年)
注：州はゲーミング収益100万ドル以上のカジノ。ストリップ地域大手は7200万ドル以上のカジノである。

み出している。その43カジノ中、収益７５００万ドル以上の23カジノに限定しても赤字は11億ドルであり、赤字のほとんどがラスベガスを代表する大型カジノ、すなわちリゾート型カジノによってもたらされている。

このラスベガスのＩＲ型カジノの赤字は、表４‐13に見るように09年の36・５億ドルの赤字以降縮小しているとはいえ一貫したものになっている。その赤字の構造的要因として見えてくるのは、やはりカジノ収益からコンプに振り向けられる金額の大きさである。このコンプ比率が２０００年代初頭の約20％から13年には約31％と大きく増加している。

ラスベガスの場合、13年の宿泊・飲食収入も含めた総収益１４３億ドル中、カジノ収益は53億ドル、36・９％を占めるにすぎない。そのカジノ収益の３割がコンプとして活用されることによって格安の宿泊料や飲食代そしてエンターテインメントやコンベンションの各サービスの提供が可能になることで顧客にとって魅力的な都市となっていると言える。しかしそのことは再三述べる通り、大きな赤字要因ともなっているのである。

表４‐13では、各部門の共通経費を除いた部門別収益の合計が示されている。ここから共通経費としての宣伝費や減価償却費、債務返済費、エンターテインメント提供費、人件費などが引かれる形になっているが、09年以降、部門収益を共通経費が大きく上回る形に

表4-13　ラスベガス・ストリップ地区カジノの衰退

単位：百万ドル

	2006	2007	2008	2009	2010	2011	2012	2013	07-13年
カジノ数	24	23	23	23	23	22	23	23	0.0
LV訪問客(万人)	3,891	3,920	3,748	3,635	3,734	3,893	3,973	3,967	47.0
ゲーミング	5,516.1	5,943.7	5,760.4	4,853.9	4,682.7	4,899.0	5,041.5	5,293.7	-650.0
宿泊	3,565.2	3,764.7	3,797.3	3,129.4	2,850.9	3,073.5	3,505.3	3,591.3	-173.4
食事	2,012.8	2,029.3	2,167.5	1,921.2	1,864.5	1,973.3	222.5	2,249.8	220.5
飲み物	725.2	780.0	740.0	746.6	790.3	852.4	1,035.2	1,089.3	309.3
その他	1,826.3	2,053.3	2,175.1	2,027.6	1,918.5	2,023.7	2,165.6	2,108.1	54.8
総収益	13,645.6	14,570.9	14,640.2	12,678.7	12,106.9	12,822.0	13,970.1	14,332.2	-238.7
販売費	936.5	991.8	969.9	867.6	869.8	905.4	981.5	979.3	-12.5
純収益	12,709.1	13,579.1	13,670.3	11,811.2	11,237.1	11,916.6	12,988.6	13,352.9	-226.2
部門費用	6,821.1	7,276.1	7,290.1	6,872.1	6,633.6	6,784.3	7,433.6	7,521.7	245.6
部門収益	5,888.0	6,303.1	6,380.2	4,939.0	4,603.5	5,132.3	5,555.1	5,831.2	-471.9
共通経費	4,773.9	4,791.7	5,565.6	8,593.3	6,437.3	6,765.5	6,883.3	6,956.6	2,164.9
宣伝費	152.8	149.7	157.0	121.4	126.8	124.4	172.7	175.0	25.3
償却費	1,051.8	1,065.3	1,276.9	1,420.0	1,534.2	1,580.6	1,709.1	1,685.2	619.9
金利	1,168.1	1,130.6	1,398.8	1,869.2	1,944.9	2,274.9	2,395.6	2,346.1	1,215.5
音楽娯楽	117.4	91.0	182.3	163.0	293.0	306.4	299.6	282.0	191.0
税引前純益	1,114.2	1,511.3	814.6	-3,654.2	-1,833.8	-1,633.2	-1,328.2	-1,125.4	-2,636.7
コンプ/ゲーミング	24.4%	24.2%	25.7%	30.5%	32.4%	29.9%	31.8%	30.7%	6.5%
音楽娯楽/ゲーミング	2.1%	1.5%	3.2%	3.4%	6.3%	6.3%	5.9%	5.3%	3.8%
対投資利益率	9.0%	9.3%	7.4%	-4.3%	0.2%	1.5%	2.7%	3.1%	-6.2%
総資産	30,904.6	34,291.8	44,801.2	46,397.1	55,915.0	53,719.8	60,335.5	50,257.4	15,966
短期債務	4,345.6	3,699.1	5,558.6	3,910.5	10,019.5	11,523.8	14,007.4	8,501.1	4,802
長期債務	8,976.4	11,088.7	18,181.5	19,674.5	17,350.0	15,479.5	19,714.3	19,379.2	8,291
その他債務	742.2	341.7	1,743.1	4,121.3	11,162.2	10,400.2	10,134.4	10,339.0	9,997
資本	16,840.4	19,162.3	19,318.0	18,690.8	17,383.3	16,316.2	16,479.4	12,038.1	-7,124

出典：「Nevada Gaming Abstruct」各年度版より作成
注：カジノ収益7200万ドル以上のカジノ対象

なっている。そしてその要因が、減価償却費・減損処理費と債務返済費そしてエンターテインメント費である。

13年で言えば、部門収益58・３億ドルに対して、宣伝費１・８億ドル、減価償却費・減損処理費17億ドル、債務返済費24億ドル、エンターテインメント費３億ドルであり、とりわけ減価償却費等と債務返済負担費の増加が大きな負担となっている。リゾート型カジノとしての巨大投資とその絶えざる更新、そして宿泊・飲食やコンベンション機能やエンターテインメント機能などの格安提供によるコストが大きく、カジノ収益の停滞や減少が大きな赤字を生み出してしまう構造と言える。

リゾート型カジノの脆弱性は、アトランティックシティもラスベガスも共通と言えるが、両者には大きな違いも見られる。それはリゾート型カジノとしての徹底度の違いである。そしてその違いは、両者の地理的条件によって生み出されたとも言える。まず、アトランティックシティの10年の来客数は２９３３万人で、陸路での来客が99%を占めている。

これに対してラスベガスは、「ラスベガス・ビジタープロファイル調査」によれば、同年３７３４万人中、陸路は58%であり、空路は42%となっている。陸路の場合もラスベガスは日帰りが不可能であり、ほとんどが宿泊客で平均３泊４日の滞在をしている。カジノ収益の内訳を見ても、スロットマシンの収益比率が72％になっているアトランティックシティに比べ、ラスベガスのスロットマシン収益比率は43％でしかない。平均所得４万ドル（約４８０万円）以上の顧客比率が88％とされるラスベガスの場合、一定の豊かな層の長期滞在型カジノとしての機能が維持されていると言える。

砂漠の中の都市であり、その厳しい気候上、ラスベガスはリゾート型カジノとして顧客の長期滞在に対応したサービスの徹底によってリピート率を高めるしかなかった。そのため、周辺でのカジノ合法化の影響を相対的に軽減できたのだ。実際、ラスベガス訪問客のリピート率は85％に達する。訪問の主要目的は「休暇と遊び」で全体の41％、初めての訪問客の64％を占め、ギャンブル目的はそれぞれ全体の15％、初めての訪問客の４％である。

注目すべきは、滞在中のカジノ経験率が低下傾向にあるとはいえ71％であり、ギャンブルを目的としたリピート比率が17％と上昇することである。宿泊費用の平均は83・６ドルであり、正規料金での利用率が32％で多くの客がコンプも含めた格安料金での利用客となっている。無料で提供されるラウンジショーの利用率が87％に達しており、有料のショーでの支出額は平均１２１ドル程度である。カジノ収益を基にした各種サービスの格安提供によって顧客を誘引し、その滞在中にギャンブルを経験させることで平均５３０ドルのギャンブル支出を行わせ、そしてギャンブルを主目的としたリピート率を高めていくというメカニズムが一面働いているように見える。

しかし、一方で、滞在中のカジノ経験率が09年の83％から13年には71％に低下し、ラスベガス以外のカジノよりもラスベガスでのカジノ経験を選好する比率が39％から24％に低下しているようにそのメカニズムの綻《ほころ》びが進み、その結果カジノ収益の停滞が発生している。そしてカジノ収益の右肩上がりでの上昇が達成できないとき、ＩＲ全体の投資費用と維持費用の大きさが、たちまち赤字として顕在化する脆弱性を、ラスベガスのＩＲ型カジノもまた免れていないのである。

カジノの明暗を分かつもの

その意味で、行き詰まった米国カジノ産業が新たな「未開拓地」に進出したことは、必然的な成り行きであった。飽和化した米国カジノ市場で、ＩＲ型カジノの脆弱性が顕在化している。それは、市場自由化の波に乗って成長してきたシーザーズと、アジア進出に成功したラスベガス・サンズの「天国と地獄」への二極化が表している（表４－14）。

03年当時、全米28カ所にカジノを展開したシーザーズは、収益39・５億ドルで、ＥＢＩ

表4-14　シーザーズとサンズの明暗

単位：百万ドル

	2003	2013
シーザーズ　純収益	3948.9	8559.7
カジノ収益	3458.4	5808.8
販促費控除	-707.6	-1178.6
EBITDA	1049.3	1876.6
純益	292.6	-2939.8
総資産	671.9	24688.9
長期債務	3671.9	20918.4
サンズ　純収益	691.8	13769.9
カジノ収益	272.8	11386.9
販促費控除	44.9	724.6
EBITDA	260.7	4763.4
純益	66.6	2954.7
総資産	1917	22724.3
長期債務	1525.1	9382.8

出典：それぞれのアニュアルレポートより

TDA10・5億ドルの高収益を誇っていた。その当時サンズは、わずか2カ所のカジノで収益6・9億ドルの「小」カジノ企業でしかなかった。純収益に占めるカジノ収益は2・7億ドル、39・4%でしかなく、ギャンブル収益の低下に悩み、カジノ依存からの脱却を迫られていたのである。

ところが04年のマカオ、10年のシンガポール進出の結果、サンズはいまや収益137・7億ドル、EBITDA47・6億ドルの世界最大かつ高収益を誇るカジノ企業である。これに対してシーザーズは、07年以降の米国市場の斜陽化の結果、収益は低迷し、4年連続赤字の末に14年は29億ドルの巨大赤字に追い込まれている。トュニカ、そしてアトランティックシティなどの米国内カジノの不振で最も打撃を受けているのがシーザーズなのである。いま、米国内市場に拠点をおくカジノ企業の多くが収益低迷と赤字経営に苦しんでおり、アジア市場進出の正否がその生き残りを左右することになっている。

ここで問われねばならないのは、カジノ・ギャンブルの略奪的性格である。「滅びるまで賭けさせる」米国商業カジノは、長期的には国民生活と地域経済を疲弊させ、自らの顧客基盤を食いつぶしていく。先に述べたように、先行したカジノ州の収益減少を補う形で、次々と「未開拓地」にカジノをオープンさせてきた新規参入州のカジノ収益が、数年で息切れし、減収状態に落ち込むという現象が起きている。縮小するパイを奪い合う後ろ向きの競争激化に苦闘している米国カジノ産業の現状は、それが持続可能なビジネスモデルではないことを示している。

米国のカジノ産業を支えているのが、国際的な金融機関でありファンドである。つまり、米投資銀行や機関投資家の影響のもとで、カジノの商業化を推し進め、利益極大化を目指して様々な組織変革と「技術革新」を行ってきたことを意味する。いまや、国際的に展開するカジノ企業の大株主には大手ファンドが名を連ねており、その高収益を期待したマネーがカジノ産業界に流れ込んでいる。そしてカジノ関係の企業株は、ゲーミングインデックスとして投資対象となっている。

カジノへの巨大投資は、高収益での投資回収を目指したファンドや金融機関の圧力のもと、利益極大化を目指したカジノ・ギャンブルの展開を促進する。ラスベガス・サンズは、投資家向けの説明で過去４年間の96億ドルもの株主還元（配当と自社株買戻し）を誇り、投資基準を投資比20％以上のリターン率であることをアピールしている。

カジノ企業が巨大な投資、雇用、税収、そして経済効果を約束するとき、それだけ多くの利益をギャンブラーから吸い上げていくことを意味する。カジノ資本主義の中でカジノそのものが投資対象として表舞台に躍り出てきているのである。それでは、アジアという「未開拓地」に進出したカジノは成功を収めているのだろうか。シンガポールとマカオの先例から、日本におけるカジノ市場の未来が暗示されるはずだ。

第5章

アジアは「未開拓地」か

アジアを覆う中国人ギャンブラー

マリーナベイ・サンズは日本でもCM放映され、瞬く間に世界最先端のカジノとなった。シンガポールやマカオの「輝かしい」発展もあり、世界的に見てもアジアのカジノ市場の成長が著しい。表5‐1に見るように、世界のカジノ市場の規模は2006年の998・8億ドルからリーマンショックの影響を脱した10年以降成長軌道に乗り、15年には1827・7億ドルに増大する。

その牽引力が、06年136・9億ドルから15年には792・7億ドルへ5・8倍に急増するアジア市場である。574・7億ドルから733・2億ドルに増加したにすぎない米国市場を抜いて、世界最大のカジノ市場に成長すると予測されているのである。欧州市場も207・8億ドルから183・4億ドルに減少するとされており、アジア市場の成長に乗れるか否かが、カジノ企業の成長を左右する事態となっている。4章で見たように、15年1月に経営破綻したシーザーズといまや世界一のカジノ企業となったラスベガス・サンズの盛衰は、まさにアジア進出の有無によるものであった。

表5‐2に見るように、マカオでベネティアンほか4カジノ、シンガポールでマリーナベイ・サンズを営業するラスベガス・サンズの米国内でのカジノ収益の比率は9%以下に

表5-1　世界のカジノ市場の予想

単位：百万ドル

	2006	2007	2008	2009	2010	2011	2012	2013	2014	2015
米国	57,470	60,440	59,433	57,368	57,488	59,500	62,315	65,497	69,110	73,320
欧州・中東・アフリカ	20,783	20,894	19,959	17,567	16,307	16,175	16,250	16,751	17,350	18,343
アジア太平洋	13,687	17,714	21,379	22,898	34,280	47,042	58,124	66,961	73,429	79,266
南米	2,584	2,959	3,269	3,601	3,800	4,096	4,370	4,757	5,165	5,614
カナダ	5,354	5,685	5,694	5,874	5,704	5,597	5,621	5,743	5,986	6,230
合計	99,878	107,692	109,734	107,308	117,579	132,410	146,680	159,709	171,040	182,773
米国	57.5%	56.1%	54.2%	53.5%	48.9%	44.9%	42.5%	41.0%	40.4%	40.1%
欧州・中東・アフリカ	20.8%	19.4%	18.2%	16.4%	13.9%	12.2%	11.1%	10.5%	10.1%	10.0%
アジア太平洋	13.7%	16.4%	19.5%	21.3%	29.2%	35.5%	39.6%	41.9%	42.9%	43.4%
南米	2.6%	2.7%	3.0%	3.4%	3.2%	3.1%	3.0%	3.0%	3.0%	3.1%
カナダ	5.4%	5.3%	5.2%	5.5%	4.9%	4.2%	3.8%	3.6%	3.5%	3.4%

出典：PWC　Global Gaming Outlook - The casino and online gaming market to 2015

すぎない。66・2%をマカオで稼ぎ、32・4%をシンガポールで稼ぐ、いまやアジアのサンズなのである。そしてIR全体の収益に占めるカジノ収益の比率は、ラスベガスの33・6%に対して、マカオのベネティアンとシンガポールのマリーナベイ・サンズは80%近くあり、アジアでのカジノの収益力が極めて高いことが確認される。

　このようなアジア市場の成長の象徴がマカオでありシンガポールである。04年にカジノ合法化に踏み切り、10年に2カ所に限定してカジノの営業が始まったシンガポールは短時日に40億ドルを超える収益を稼ぎ出すまでになっている。そして一層成長が著しいのがマカオであり、02年の外国資本

表5-2　サンズの地域別・カジノ別の収益構造

全体	2014
カジノ	12,004.4
宿泊	1,540.4
飲食	778.8
モール	553.5
会議場､小売ほか	548.7
総収益	15,425.8
販促費	841.9
純収益	14,583.8
営業経費	10,484.6
リゾート運営	9,120.3
減価償却費	1,031.6
営業利益	4,099.2
金利支払い	274.2
税引前利益	3,832.7
所得税	244.6
法定準備金	747.4
サンズ帰属利益	2,840.6

	営業利益	構成
マカオ全体	2,712.1	66.2%
Venetian Macao	1,381.5	33.7%
Sands Cotai	705.8	17.2%
Four Seasons	323.6	3.1%
Sands Macao	301.2	7.3%
Marina Bays	1,326.7	32.4%
米国	357.3	8.7%
Las Vegas	267.3	6.5%
Betheehem	90.0	2.2%
その他損失	-266.9	-6.5%

単位：百万ドル

Venetian Macao	2013Q 4	2014Q 4
総収入	1,198.0	928.6
カジノ	1011.3	733.3
宿泊	67	65.7
飲食	25.6	26.1
モール	56.7	60.9
会議場ほか	37.4	42.6
営業控除	48.9	48.3
純収益	1,149.1	880.3
営業利益	392.6	278.2
EBITDA	433.4	321.4
EBITDA/net revenue	37.7%	36.5%
Rolling Chip Volume	16,759.2	10,098.7
Rolling Chip Win	3.32%	2.61%
Non-Rolling Chip Drop	2,268.2	2,107.6
Non-Rolling Chip Win	25.2%	24.2%
Slot Handle	1,296.3	1,325.4
Slot Hold	5.2%	4.3%
Marina Bay Sands	2013Q4	2014Q4
総収入	720.1	888.9
カジノ	504.6	674.4
宿泊	95.8	92.1
飲食	49.8	50.7
モール	43.3	45.7
会議場ほか	26.6	26.0
営業控除	44.9	49.3
純収益	659.8	838.6
営業利益	165.7	427.4
EBITDA	258.8	518.5
EBITDA/net revenue	39.2%	61.8%
Rolling Chip Volume	13,731.0	10,048.2
Rolling Chip Win	1.92%	3.58%
Non-Rolling Chip Drop	1,135.5	1,097.7
Non-Rolling Chip Win	24.5%	26.7%
Slot Handle	2,824.6	3,125.0
Slot Hold	5.2%	4.8%
Las Vegas	2013Q4	2014Q4
総収入	411.8	386.9
カジノ	151.3	130.0
宿泊	119.9	113.6
飲食	64.5	61.5
会議場ほか	76.1	81.8
営業控除	26.1	24.3
純収益	385.7	362.6
営業利益	67.3	64.8
EBITDA	88.2	78.0
EBITDA/net revenue	22.9%	21.5%
Table Games Drop	649.7	548.1
Tabel Games Win	21.8%	19.1%
Slot Handle	542.2	584.6
Slot Hold	8.5%	7.7%

出典：ラスベガス・サンズ、Reports Record Fourth Quarter and Full Year 2014 Results
注：Q4は第4四半期を表している

表5-3　成長するマカオのカジノ市場

	2002	2005	2010	2014
カジノ数	11	17	33	35
テーブル数	339	1,388	4,791	5,711
スロット数	808	3,421	14,450	13,018
収益：パタカ	22,180	46,047	188,343	351,521
収益：百万ドル	2,772.5	5,755.9	22,542.9	43,940.1

出典：UNLV Center for Gaming Research
注：1ドル＝8 patacas

へのカジノ営業解禁以降の米国カジノ資本の進出を契機に急成長を遂げている。

表５‐３に見るように02年の市場開放時の27・7億ドルから14年には４３９・４億ドルにまで急成長を遂げている。現在、35カジノが営業し、１カジノ当たり12・６億ドルのカジノ収益となっている。20カジノを運営するＳＪＭは、カジノ単体の営業が多く、宿泊機能を持つのはグランド・リスボアとソフィテル・マカオの二つ（部屋数８３９）だけであり、合計収益１１３億ドル（シェア24・８%）とはいえ小規模なカジノが多い。

それに対して、ラスベガス・サンズ所有のカジノはサンズ・コタイセントラル約27

億ドル（部屋数５７２３）、ベネティアンマカオ約39億ドル（部屋数２９０５）という収益規模を誇っている。23カジノで52・９億ドルの収益を上げるラスベガス・ストリップ地区の1カジノ当たり２・３億ドルと比べても、その収益規模の大きさがうかがい知れる。

シンガポールのＩＲ型カジノも単独で20億ドルを超えており、アトランティックシティ最大のカジノであるボルゴタの収益規模９億ドルと比べても大きな収益規模となっている。人口50万人ほどの中国の特別行政区の35ほどのカジノによるこの巨大収益は、その高率のカジノ税（総収益35％＋インフラ・観光・社会保障ファンド向け２・４％）と相まってマカオ政府の税収の８割を占め、市民への様々な補助や行政サービスへの提供を通じて、カジノによる地域繁栄の一つの象徴とされている。

一方で、オーストラリアのカジノ市場の衰退が著しい。シンガポールやフィリピン、そしてマレーシアなどの東南アジアでのＩＲ型カジノ開設による競争激化の影響とされる。また、外国人専用のカジノを中心とした韓国のカジノ市場の停滞も顕著であり、マカオとシンガポールへの中国人顧客等の流出の影響が大きいとされる。

先にも述べたように、アジアの急成長と1カジノ当たりの大きな収益を支えているのが中国人富裕層である。たとえば、米国カジノ市場は富裕層を対象としたテーブルゲームによるＶＩＰ収益が停滞するなかで、より大衆的な層をターゲットとしたスロットマシンとギャンブル以外の収益拡大という、いわゆる「デスティネーション・リゾート」（ＩＲ型カジノ）への転換が進められてきた。

いまや米国カジノのギャンブル収益の80％以上はスロットマシンからであり、かつラスベガスでのＩＲ型カジノのギャンブル収益依存は50％を切っている。高齢層や低所得者層を対象としたカジノの大衆化を進めるため、ギャンブルの顧客基盤を広げるというビジネスモデルがＩＲ型カジノで追求されてきたのである。

これに対して、マカオ、シンガポールにおけるＩＲ型カジノの収益では、ギャンブル収益が80％を占めている。表５‐４に見るように、このギャンブル収益の中心は米国と異なりテーブルゲームであり、しかもＶＩＰバカラである。スロットマシンの収益はわずか４・１％にすぎず、ＶＩＰバカラが10年の72・０％から大きく低下しているとはいえ60・５％を占め、中国人が愛好するといわれるバカラは全体で90・８％を占めているのである。表５‐５に見るように13年のマカオ訪問客２９３２万人中中国本土からが１８６３万人であり、香港６７７万人と合わせると86・６％が中国人、その51％が日帰り客となっている。

しかし、先にも述べたようにマカオの繁栄を支えている中国人ギャンブラーはジャンケ

表5-4　マカオのゲーム別ギャンブル収益

単位：百万パタカ

	2002	2005	2010	2013	2014
VIPバカラ	16,340	28,864	135,648	238,524	212,535
バカラ	2,716	10,448	34,917	91,599	106,527
ブラックジャック	589	1,459	2,290	3,052	2,933
ルーレット	49	186	672	940	1,028
スロット	231	1,250	8,618	14,384	14,444
合計	22,180	46,047	188,343	360,749	351,521
VIPバカラ	73.7%	62.7%	72.0%	66.1%	60.5%
バカラ	12.2%	22.7%	18.5%	25.4%	30.3%
ブラックジャック	2.7%	3.2%	1.2%	0.8%	0.8%
ルーレット	0.2%	0.4%	0.4%	0.3%	0.3%
スロット	1.0%	2.7%	4.6%	4.0%	4.1%

出典：UNLV Center for Gaming Research
注：1ドル=8 patacas
2002年に市場開放。現在SJM20、Galaxy6、Venetian4
Melco Crown3、Wyn&MGM各1

表5-5　マカオ訪問客の国別構成

単位：人

	2013	構成
中国	18,632,207	63.5%
香港	6,766,044	23.1%
台湾	1,001,189	3.4%
韓国	474,269	1.6%
日本	291,136	1.0%
マレーシア	290,622	1.0%
フィリピン	274,103	0.9%
タイ	238,635	0.8%
インドネシア	208,481	0.7%
シンガポール	189,751	0.6%
アジア	28,608,554	97.6%
北米	288,691	1.0%
欧州	272,835	0.9%
総計	29,324,822	100.0%

出典：Macau Travel and Tourism Statistics 2013

ットと密接な関係にある。これはマカオの武器であり、日本には模倣できない。

日本とマカオの決定的な違い

もともと、シンガポール以前に日本でのカジノ合法化のモデルとされていたのは、ラスベガスとアトランティックシティと共にマカオであった。しかし、マカオでのカジノの繁栄はすでに見たように、中国人VIPに負うところが大きく、さらにジャンケット・システムの存在が決定的な役割を果たしている。それゆえに、マネーロンダリングの防止という観点から日本のカジノ合法化のモデルとはなりえないのであった。

その一方で、巨大なカジノ施設の建設ラッシュとマカオ訪問客の急増、カジノ企業における雇用の増大（所得上昇）と税収の増大は、ラスベガス型のカジノ施設導入の経済的な成功事例として依然扱われている。

カジノ拡大による経済的効果の現象が先行するため、そのプラス面のみが強調されているが、現在ではそのマイナス面に着目した研究成果も増大してきている。たとえば、イム・ワン（マカオ大学教授）ほかの02年〜09年のカジノの社会的影響を調査した研究では、雇用・所得・税収の増加などの「幾つかの社会的利益をもたらしているが、それを上回る否定的な影響ももたらしている」と結論づけている。

すなわち、①高学歴を必要としないカジノ企業の雇用が増えたため高校中退率が急増し、社会が必要とする人材育成が後退している、②カジノに来る観光客は増大したが、地元商店街やレストランに来る客は減った上に、地代上昇や労働力不足と賃金上昇によって中小企業の経営が困難となり淘汰が進んできた、③問題ギャンブラーが急増したため、児童虐待や家庭崩壊や犯罪が増大し、それに関連した社会的コストが増大してきた、④公園などの公共的施設や市民が憩う緑が減少し、交通渋滞の悪化や乱開発などによって生活の質が悪化してきている、⑤賃金は上昇したが、物価上昇に追い付いておらず生活困難が増大しているというわけである。またマカオにおけるカジノギャンブルの社会的コストが、03年の４０００万ドルから07年には１・１億ドルに急増したという研究もある（＊25）。

さらにマカオにおける問題ギャンブラーの増大も大きな問題となってきている。マカオ大学「マカオ住民のギャンブル活動参加度調査」によると、問題ギャンブラーの比率が03年の４・３％から07年には６・０％に増大したとされ、これを受けてマカオ・賭博監察協調局は09年から「責任あるギャンブリング啓蒙週間」を通じた対策に乗り出している。12年からは「自己排除・第三者排除制度」が開始され、本人のみならず家族等による申請に

表5-6　マカオの自己排除制度の適用者数

単位：人

	2012	2013	2014
自己排除	27	252	262
第三者排除	3	24	18
合計	30	276	280

出典：Macao Gaming Inspection and Coordination Bureau
注：マカオでは2012年より自己排除制度創設

表5-7　マカオのギャンブル市場の変化

単位：百万パタカ

	2002	2014	ピーク	金額
カジノ	22,180	351,521	2013年	360,749
グレイハウンド	334	690	2010年	1,659
競馬	2,723	1,567	2004年	8,173
宝くじ	9	25	2005年	32
インスタントくじ	1.5	0.0018	2002年	1.5
スポーツ賭博	10,641	8,118	2003年	10,786
合計	35,889	361,921		
カジノ	61.8%	97.1%		
グレイハウンド	0.9%	0.2%		
競馬	7.6%	0.4%		
宝くじ	0.0251%	0.0069%		
インスタントくじ	0.0043%	0.0000005%		
スポーツ賭博	29.7%	2.2%		

出典：Gambling Inspection and Coordination Bureau Macao SAR

よって最大２年のカジノへの立ち入り禁止措置が取られるようになった。表５－６に見るように、自己排除制度適用者は12年の30名から14年には２８０名に急増しており、マカオ市民のなかでカジノによるギャンブル依存症問題が深刻化しつつあるのが確認できる。

しかし注意しなければならないのは、中国大陸と陸続きのマカオは日帰りを中心とした中国人客が90％近くを占めているということである。表５－７に見るように、カジノの外資開放以来、マカオのギャンブル市場では、カジノ以外のギャンブルが大きく減少してきた。マカオ大学「マカオ人民のギャンブル活動参加調査２０１３」によると、何らかのギャンブルに参加する市民の比率は07年59・２％から13年には49・５％に減少し、ギャンブル支出も10年のＭＯＰ（パタカ）７５５から13年にはＭＯＰ（パタカ）５０５に減少しているという。

同調査によるとギャンブルに参加する理由は「勝ってお金を得る」ことであり、多数派がそれを娯楽ではなく賭博として認識しているとされるが、その典型的な賭博であるカジノへの参加は11・９％とされ、マカオ市民のカジノ参加率は決して高くないのである。マカオのカジノの顧客のほとんどは本土からの中国人ギャンブラーであり、彼らが中国国内に戻った後にどのような問題を引き起こしているかの調査やデータは確認できない。いわばマカオはギャンブルの経済的利益は独占的に享受しつつ、その犠牲や社会的コストの大半は中国本土に転嫁できる構造となっていると言える。

希望としてのシンガポール

では、日本がＩＲの成功モデルとして取り入れようとしているシンガポールはどうであろうか。10年のマリーナベイ・サンズ（７月）とリゾート・ワールド・セントーサ（１月）のオープン以降、観光客が急増し、観光客の消費額がシンガポール経済に貢献している。シンガポールのＩＲ開設は大きな成功を収め、各国規制監督当局から成功モデルとされていると誇っている[＊26]。

確かに観光客は09年９６８万人から13年には１５４６万人に増大し、観光消費は１２６億ドルから２３５億ドルに増大した。観光客の訪問先としてのＩＲの比率は12％から33％に増大しており、41％のオーチャードロードに次ぐ観光地となっており、ＩＲ開設が観光客増大に大きく貢献しているのは間違いない[＊27]。そしてこの結果、雇用が４万人創造されたほか、シンガポールＧＤＰが２％押し上げられたとされる。だが、シンガポールのカジノ開設も一筋縄ではいかないものだった。

シンガポール国立大学公共政策大学院によると、シンガポールはラスベガスをモデルとして、独立後間もないころからカジノ合法化が幾度か提起され、その度に否定されてきた。そこで、カジノ合法化反対の議論を和らげるために「ディスティネーション・リゾート」をＩＲ（統合型リゾート）という表現に変えつつ導入が図られたのだという。

そして、１９７０年にカジノ経営者スタンレー・ホーによってカジノ合法化が提起されたときは、当時のリー・クワン・ユー首相によって「死んでも認めない」（no,not over my dead body）と拒絶され、85年の景気後退時に再び提起されたときは、ゴー・チョク・トン（Goh Chok Tong）首相に「自分が首相である間は、カジノは認められない」と否決されたという。また01年に経済評価委員会が観光産業振興のためにカジノ合法化を提起したときも、リー・シェン・ロン（Lee Hsien Loong）副首相兼財務大臣によって「社会的損害が、もたらされる利益を上回っている」と拒絶されたのだった。

このようなシンガポールにおけるカジノ拒否の歴史的背景のもと、カジノではなくＩＲという形での導入が目論まれたわけである。そしてシンガポールにおける「成功」以来、カジノ色を弱めるために日本でもＩＲという言葉が使われるようになっているが、米国での長期滞在客をターゲットにした「ディスティネーション・リゾート」型カジノとＩＲ型

表5-8　シンガポールの経済成長とカジノの比較

	2009	2010	2011	2012	2013
GDP($m)市場価値	274,655	318,096	342,513	355,281	370,065
一人当たりGNI($)	52,118	62,297	65,122	65,301	66,928
国民総貯蓄($m)	117,250	153,645	162,379	159,664	165,179
純雇用増(千人)	37.6	115.9	122.6	129.1	134.9
雇用数(千人)		3,106	3,229	3,358	3,493
消費者物価(09=100)	100.0	102.8	108.2	113.1	115.8
観光客数(千人)	9683.0	11,642	13,171	14,496	15,466
サービス輸出(娯楽等)	645.1	689.2	633.1	503.8	513.3
小売販売(自動車除く)	(2.4)	6.9	7.8	2.6	0.9

-0.5

市場価値　　単位：百万シンガポールドル

GDP構成	2,009	2010	2011	2012	2013
製造業	54,000	64,457	65,431	67,760	64,624
建設業	13,584	12,583	13,127	14,191	15,245
卸・小売業	48,917	57,228	65,329	61,840	63,437
運輸・倉庫業	21,530	25,515	22,396	23,713	24,321
宿泊・飲食業	5,466	6,618	7,758	8,219	8,595
情報通信業	10,479	11,224	12,237	13,283	13,823
金融保険業	31,388	33,478	36,100	37,984	42,348
ビジネスサービス	34,727	41,334	46,002	50,028	54,350
その他サービス産業	25,725	31,216	34,856	36,011	38,653
対GDPシェア	9.4%	9.8%	10.2%	10.1%	10.4%
芸術・娯楽のシェア		16.1%	19.1%	17.8%	15.4%
成長率		123.5%	26.3%	-8.0%	-2.2%
合計	245,816	283,653	303,236	313,029	325,396

2005年=100　　単位：%

実質GDPへの貢献	2009	2010	2011	2012	2013
全体成長率	-2.0	15.1	6.0	1.9	4.1
製造業	-1.0	6.9	2.0	0.1	0.4
建設業	0.7	0.2	0.2	0.3	0.2
卸・小売業	-1.5	2.6	0.8	-0.2	0.8
運輸・倉庫業	-0.6	0.6	0.3	0.3	0.3
宿泊・飲食業	-0.1	0.3	0.2	0.0	0.1
情報通信業	0.0	0.3	0.2	0.2	0.2
金融保険業	-0.2	1.4	1.0	0.1	1.2
ビジネスサービス	0.4	1.0	0.6	0.7	0.6
その他サービス産業	0.5	1.3	0.6	0.1	0.2

市場価値　　単位：百万シンガポールドル

消費支出	2009	2010	2011	2012	2013
全体	106,745.0	117,748.8	127,643.4	137,384.9	142,126.1
娯楽・文化	9,323.1	15,243.4	18,066.8	18,062.5	18,525.1
シェア	8.7%	12.9%	14.2%	13.1%	13.0%
非居住者	13,798	19,461	22,885	23,913	23,861
	12.9%	16.5%	17.9%	17.4%	16.8%

単位：百万シンガポールドル

政府税収	2009	2010	2011	2012	2013
全体	37,872	40,662	46,172	48,755	51,176
賭け税	1,726	2,120	2,343	2,342	2,341
シェア	4.6%	5.2%	5.1%	4.8%	4.6%

出典：Economic Survey of Singapore

カジノは基本的には同義であることを確認しておきたい。では、あらためて、日本がシンガポールを成功モデルとして良いのか整理してみたい。

①ＩＲ開設が08年リーマンショックによる世界的不況の回復過程と重なっており、観光客とＧＤＰの増大を全てＩＲによるものとは言えない。たとえば、観光客は07年の１０３０万人から９６８万人に減少しており、またＧＤＰも落ち込んでいる。

表５‐８に見るようにＧＤＰの10年以降の回復を主導しているのは製造業等の産業であり、ＩＲ等の娯楽を含む「その他サービス産業」のＧＤＰへの貢献度は10年の１・３％への上昇以降は年々低下しており、13年は０・２％と成長への貢献度はほとんどゼロの状態となっている。「その他サービス」における娯楽のシェアは、11年の19・１％から13年には15・４％に低下しており、はたしてＩＲがシンガポール経済の成長にどのような貢献をしているのかは詳細な検討が必要と言える。

②観光客の急増にもかかわらず表５‐９に見るように、カジノの収益は減少傾向にある。米ドル換算では、２つのカジノが１年を通して営業を行った最初の年である11年の収益45・１億ドルは、13年には41・１億ドルに減少している。とりわけ、微減状態のマリーナベイ・サンズに対してリゾート・ワールド・サントーサのカジノ収益は21・４億ドルから

表5-9　シンガポールの2つのIR型カジノ

Marina Bay Sands（米ドル）	2010	2011	2012	2013
純収益	1,262,690	2,921,863	2,886,139	2,968,366
カジノ収益	1,062,386	2,364,922	2,271,869	2,363,140
カジノ比率	84.1%	80.9%	78.7%	79.6%
ホテル	98,594	268,480	325,470	360,264
モール	46,816	137,765	156,319	153,840
EBITDA	641,898	1,530,623	1,366,245	1,384,576
EBITDA/TR	50.8%	52.4%	47.3%	46.6%
Resort World Sentosa（シンガポールドル）	2010	2011	2012	2013
総収益	2,731,650	3,223,088	2,948,075	2,847,314
カジノ収益	2,358,644	2,693,376	2,373,073	2,185,118
カジノ比率	86.3%	83.6%	80.5%	76.7%
税引前利益	853,527	1,231,812	864,746	862,981
税	199,935	220,691	187,062	137,760
純益	37,759	1,019,910	677,684	707,748
税引前/総収益	31.2%	38.2%	29.3%	30.3%

出典：SandsとGentingのアニュアルレポートより作成

17・5億ドルに大きく減少している。カジノの魅力で観光客が増えたならばカジノ収益も急増しているはずだが、観光客の急増の一方でのカジノ収益の減少は、カジノの魅力で観光客が急増しているわけではなく、かつ急増した観光客がカジノに足を運ぶという想定が機能していないことを意味しているのではないだろうか。

筆者がシンガポールのIRを視察したときも、カジノ内とその他の施設内の客層は明らかに「異質」であった。カジノ内はほとんどが中国系の客であり、入口は中国系団体客が群れをなして入場していくが、欧米系は皆無であった。欧米系が目につくショッピングモールやテーマパークとは客層が異なっており、「お父さんはカジノ、お母さんはショッピング、子ども達はテーマパーク」という家族みんなで楽しめるという「統合型リゾート」の理念の空回りが実態ではないだろうか。

皮肉なことに訪問目的における「ビジネス・ＭＩＣＥ」の比率は、10年の27%から13年の23%に低下しており、ＩＲのＭＩＣＥ機能が観光客（訪問者）誘引の武器となっているのか否かは正確なデータに基づく検証が必要である。

③確かにカジノ以外のＩＲ施設、とりわけテーマパークが大きな観光客誘致の武器となっていると思われる。ＲＷＳのユニバーサルスタジオやマリンライフパーク等への訪問客はゲンティンの年報によると１０００万人近くに増大している。

このＩＲ施設の展開が、カジノ収益があればこそ可能になったと推進派は主張するが、サンズとゲンティンの決算報告書を見る限り、それぞれの部門は黒字を十分確保しており、赤字をカジノ収益で賄うことでＩＲが成立しているわけではない。単独でも十分黒字が確保できる魅力的な施設とサービスの展開があればこそ顧客を誘致できるのであり、極めて高い収益と短期の投資回収を最優先しなければ、カジノ抜きのＩＲは可能であるということを示しているのではないだろうか。ＩＲ型カジノにおけるカジノとその他の施設との資金面等の有機的関連については詳細な検討が必要だろう。

しかし、2つのIR開設でカジノだけで年間収益40億ドルを超え、宿泊・飲食そして娯楽等を含めると総収益約60億ドルの市場が生まれ、それが税収や雇用増、そして地元企業への経済的波及効果をもたらしているのは事実である。12カジノの収益が30億ドル規模のアトランティックシティ、そして44カジノで60億ドルのラスベガスと比較しても巨大な収益が短期間で生まれたのである。

「自己排除制度」で排除できない市民

では、シンガポールにおける社会的コストなど負の側面の評価はどうであろうか。この点に関して、シンガポール当局は、カジノ開設に伴うギャンブル依存者や犯罪は増大しておらず、厳しい依存症対策や厳格な規制管理の成果でカジノの負の側面がコントロール出来ていると語る。日本のカジノ推進派もまた、シンガポールのカジノ規制管理体制やギャンブル依存症対策を日本で実行すればカジノの弊害の最小限化が可能だと主張している。

まず、前述したようにカジノがカニバリゼーションを回避しつつ経済的利益を実現できるか、そして自国民におけるカジノの弊害を最小限化できるかは、カジノが「輸出産業」

として外国人客をどの程度呼び込めるかにかかっていた。この点でシンガポールは、カジノ開設によるギャンブル依存症増大の弊害を回避しつつ経済的利益を得るために、地元民の入場を制限し外国人客中心のカジノの運営を意図していた。入場料徴収やカジノ宣伝の禁止等、市民参加を極力抑制する厳しい規制やルールを実行しており、70～80％は外国客からの収益が占めていると推計され、輸出産業としてのカジノは一定の成功を収めていると評価できる。

たとえば、カジノ運営会社に対しては、地元におけるカジノのコマーシャルの禁止、カジノへの無料送迎バスの運行などの誘致活動の禁止を課す一方で、入場料の徴収を行っている。自己排除・第三者排除制度の創設と共に、経済的に脆弱な、生活保護など公的補助を受けている低所得層に入場禁止措置も導入されている。またカジノ規制庁とは別にギャンブル依存症の抑制や対応にあたる「問題ギャンブル国立審議会」（ＮＣＰＧ）が設立されギャンブルの危険性を啓蒙するビデオ作成や様々な広報活動を行うなどしている。

その結果、カジノ規制庁によれば、開設後３年間での地元成人市民のカジノ訪問経験率は７・７％に留まっているという。成人市民約２９３万人中22・６万人が一度でもカジノを訪問したシンガポール市民と推計されることになる。

表5-10　シンガポールのカジノ立ち入り制限

単位：人

	2012.1	2012.5	2012.10	2012.12	2013.3	2013.6	2013.9	2013.11	2014.3	2014.6	2014.9	2014.12
排除総数	72,515	93,029	130,131	136,622	148,141	155,136	175,680	187,798	200,542	215,331	228,183	241,263
家族申告	909	1,083	1,272	1,331	1,399	1,475	1,559	1,624	1,720	1,782	1,837	1,912
自己申告	42,722	64,064	85,374	92,123	103,223	115,460	130,556	139,966	153,030	165,627	179,599	190,927
地元	7,530	8,549	9,497	9,843	10,479	11,124	11,884	12,385	13,162	13,834	14,441	14,877
外国	35,192	55,515	75,877	82,280	92,744	104,336	118,672	127,581	139,868	151,793	165,158	176,050
第三者排除	28,884	27,882	43,485	43,168	43,519	38,201	43,565	46,208	45,792	47,922	46,747	48,424

出典：National Council on Problem Gambling " Casino Exclusion & Visit Limit Statistics"
注：自己排除制度家族申請の申請は2009年４月より開始。自己排除制度自己申告の開始は2009年11月より開始。自己排除の外国人申請は2010年11月より開始。第三者制限は2009年12月より開始。外国人は、外国籍のシンガポール居住者（労働者）のことである。

一方で一日平均の地元国民のカジノ入場者は12年で１・７万人（10年の２・０万人よりは減少）とされる。年間入場者数では約６２０万人となるが、シンガポール議会によるとカジノ入場者におけるローカル率は25～30％とされる。７・７％というカジノ経験率は３年間の累積値であったので３年間の入場者数合計を約２０００万人と推計するとカジノ経験のある22・６万人の市民は３年間で一人当たり累計89回（１年に約30回）カジノを訪問していることになる。

またカジノ入場料収入は12年１・74億ドルであるが、99％は一日券と報道されている[*28]。仮に全てを一日券とすると、年間延べ１７４万人の市民がカジノを訪問していることになる。１年30回訪問とすると実数としては約６万人がギャンブル常習者と推計できる。すなわち、70％以上を外国人客が占めているとは言え、30％近くを地元市民が占め、かつかなりの常習的ギャンブラーが市民内に形成されていることがうかがわれる。

市民間のカジノの影響の拡がりと深刻さを示すものが、表５‐10に見るように「自己排除制度」を申請適用された市民の急増である。

シンガポールのギャンブル依存症対策の大きな特徴が、本人のみならず家族申告でカジノへの立ち入り禁止や入場回数制限を課したり、生活保護の適用や公的住宅に入居している低所得者層に一律に入場制限を課すことができる「自己排除制度」である。シンガポール市民はＩＤカードの登録が義務付けられており、カジノ入場券の購入等はＩＤカードがないとできない仕組みになっている。この「自己排除制度」の適用者が、ＩＲオープン時の10年６月の１６６９人から14年12月には24・１万人に急増している。

推進派は、この「自己排除制度」適用者中、17・６万人を外国人労働者が占めており、市民の適用者数は１・７万人程度でしかないと言う。確かに、シンガポール市民権を持たない外国人労働者は、採用時に企業から「自己排除制度」の申請を指導されているため大半を占めている。また、生活保護を受けている市民や公的住宅補助などの政府の経済的支援を受けている市民も一律にカジノへの立入禁止措置を受けていて、この数が４・８万人となっている。そして家族申告が１９１２人、自己申告の地元市民が１万４８７７人となっており、これは全体の７・０%を占めるにすぎない。では、カジノ開設のシンガポール市民への影響は微々たるものと言えるのだろうか。

　先に見たように、シンガポール市民のカジノ経験率は７・７%で約22・６万人と推計されている。22・６万人中１・７万人が「自己排除制度」を申請し適用されているというのは決して低い水準ではない。また延べ人数ではなく常習的にカジノを訪問している人数を約６万人と推計すれば、そのうち１・７万人が「自己排除制度」を申請しているというのはかなりの高水準と言うべきである。オーストラリア政府報告書は、毎週スロットなどのギャンブルに興じる常習者の15%が問題ギャンブラーと診断されると指摘しているが、その比率はほぼ近似していると言える。

　仮に、自分でカジノ訪問回数やゲーム時間や賭け金額をコントロールできず、かつそれが財政面や家族関係面で深刻な問題を顕在化させた時点で「自己排除制度」を申請しているとするならば、「自己排除制度」適用者はギャンブル依存症者の「氷山の一角」的な存在となる。シンガポールのギャンブル依存症者救済活動を行っている市民団体「ワン・ホープ」でのヒアリング調査（14年８月）でも、「自己排除制度」適用者はすでにギャンブル依存症となっている人々であるとのことであった。申請する段階ではすでに手遅れの依存症者が多く、シンガポールのカジノに入れなくなったとしても近隣諸国のカジノやカジノボートという形で何とかギャンブルを継続しようとするものが多いとのことであった。

実際、表５－11に見るように、ワン・ホープの自助グループでの治療に参加するギャンブラーは11年の１６２人から13年には５２３人に大きく増えている。シンガポールではギャンブル依存症の治療に取組むボランティア団体が少なく、またオーストラリア政府報告書の問題ギャンブラーの中で治療を受けるのは15％にすぎないという指摘を踏まえると、表面に出てこない部分でギャンブル依存症問題が深刻化していることが推測される。

このようにギャンブル依存症者の中でも「氷山の一角」的な「自己排除制度」適用を受けている家族申告部分が、カジノ開業1年後の11年６月の６１３人から14年12月には１９１２人、そして自己申告部分が５３８９人から1万４８７７人に約3倍に増加し、矢継ぎ早の規制の強化にもかかわらずその増加に歯止めがかかっていないのがシンガポールの現状なのである。

ＮＣＰＧへのギャンブル関係の電話相談件数は毎年２１０００件と09年当時から４倍に

表5-11　シンガポール自助グループの参加者数

単位：人

	2011	2012	2013
参加者	162	354	523
相談者	216	298	345

出典：One Hope Center 2014

増え、ギャンブル関係の借金相談そして自殺防止活動に取組んでいるSOSによると、カジノ開設後1年間で債務相談件数中のギャンブルによる高利貸し被害の相談件数が約49％増加したという。ヒアリングでもシャークローンと呼ばれる高利貸しが増大し、ギャンブル絡みの借金の厳しい取り立ても社会問題になっている。そのほか自己破産の件数の増大が見られるなどカジノ合法化による弊害の拡がりと顕在化は確実に進行していると思われる。

一方で、シンガポールでカジノ開設によってギャンブル依存症者が増大していないという指摘もある。その根拠はNCPGの「シンガポールギャンブル参加度調査」である。最新の14年報告では、病的ギャンブラーが11年の1・4％から0・2％に、問題ギャンブラーが1・2％から0・5％に大きく減少している。

しかし、回答者中のカジノ参加率も7％から2％に減少しており、回答率が81％から73％に減少していることも踏まえると、この依存症率の減少が市民のカジノ参加度の減少の結果なのか、それとも回答の拒否の結果なのかは、慎重な検討を必要としている。

このようなカジノ開設による負の影響の顕在化が進む中で、IRによる経済的効果の限界も明らかになりつつある。表5-8で見たように、実質GDP成長へのカジノを含む「その他サービス産業」の貢献度が落ちていることは指摘したが、「その他サービス産業」中の「芸術・娯楽」のシェアが11年の19・1％をピークに13年には15・4％に低下している。消費支出中の「娯楽文化」の比率が14・2％から13・0％に低下し、さらに「賭け税」も09年の17・3億ドルから11年には23・4億ドルに増えた後は横ばい状態であり、政府税収中の比率を5・1％から4・6％に低下させている。IRは確かに一定の経済的効果はあったが、それが経済成長のエンジンとして機能し、持続可能な経済成長を引っ張っていく存在になっているかどうかは、未知数だ。

最後に、マカオとシンガポールのカジノ・ギャンブルの高収益を支えている条件が、日本でも成立するのかはあらためて慎重な検討が必要である。地理的好条件、中華圏という文化的言語上の近似性、そしてジャンケットの活動を認めるといった条件のもとで、マカオとシンガポールではカジノが輸出産業として機能し、カニバリゼーションを一定の割合で回避していると言えた。この点では経済的利益はゼロサムではないが、社会的コストを含めたアセスメント調査や、コストを差し引いた利益を誰が享受し、本当に社会全体の福利厚生を高めているのかの視点に立つ必要がある。シンガポールは現在ギャンブル依存症対策に苦慮しているが、日本はすでにギャンブル依存大国である。少なくともシンガポールは、日本のモデルとはなり得ないのではないだろうか。

第6章

ギャンブル大国・日本の患者

500万人のギャンブル依存症者を抱える日本

「日本はギャンブル依存症大国である」という認識を持っている方は多くないかも知れない。しかし、これはまぎれもない事実であり、ここではギャンブル依存症の恐ろしさを見ていきたい。

カジノ推進派も、カジノ合法化がギャンブル依存症者を増大させることは否定できない。しかし一方で、全国１万２０００カ所で営業されているパチンコに対して、最大限でもわずか全国10カ所余での開設しか想定されていないＩＲの建設は、日本のギャンブル依存症問題に対してほとんど新たな問題を加えることはないという。それどころか、パチンコなどの既存のギャンブルに対する規制を抜きにカジノ合法化だけに反対するのは欺瞞《ぎまん》であるとさえいう。

設置個所が限定されているカジノは、すでにギャンブル大国化している日本のギャンブル依存症問題を懸念するほど深刻化させないと主張する一方で、カジノ収益をもとにした依存症防止対策や治療体制の確立によってその弊害を最小限化することが可能であり、その結果、経済的利益を最大限享受できるとしている。さらにギャンブル依存症に「不運」にも陥ったとしても、容易に治癒可能な病気であるかのような印象も強調されている。

表6-1　多重債務とギャンブル依存症者の相談件数

	人数	比率
収入不足と減少	298	38.0%
自営業等の売上減少	94	12.0%
保証債務	16	2.0%
医療費	39	5.0%
学費	32	4.1%
ギャンブル	220	28.0%
不明他	86	11.0%
合計	785	100.0%

↓

主なギャンブルの種類（複数回答可）

	男性	女性
パチンコ・パチスロ	93.2%	98.6%
競輪	23.6%	2.8%
競馬	13.5%	0.0%
競艇	4.7%	0.0%
マージャン	18.9%	4.2%
宝くじ	5.4%	0.0%
その他	7.4	4.2

出典：熊本クレ・サラ被害をなくす会の相談集計（『震える』より作成）
注：2009年度（2008年6月～09年5月）分

しかし、その主張は、日本におけるギャンブル依存症問題の深刻さを直視することなく、抽象的なレベルで対応可能というものに留まっているように思われる。結局ギャンブル依存症は、カジノ合法化による巨大な利益獲得のためのやむを得ない犠牲またはコストとしてみなされ、ギャンブル依存症に陥った人間の苦しみに真剣に向き合っていないのである。

日本のギャンブル依存症の深刻さは、長年、ギャンブル依存症者の治療に取組む市民団体であるGA（ギャンブラーズ・アノニマス）などの自助グループによって訴えられてきた。また多重債務問題に取組む団体によって、借金を繰り返す理由としてギャンブル依存症の存在が明らかにされてきた。

たとえば、表６－１に見るように、09年度に寄せられた相談件数７８５件中、ギャンブルが多重債務の原因であったのは２２０件（28％）であり、「絶対的収入の不足、収入減少」の２９８件（38％）に次ぐ大きな要因であった。そのギャンブルの種類（男性）では、パチンコとパチスロが93・２％であり、競輪の23・６％、競馬の13・５％、競艇の４・７％、宝くじの５・４％を大きく凌駕《りょうが》していた。さらには会の資料によるとヤミ金被害の相談では、ギャンブル資金の調達のための借金が53件中25件（47・１％）であり、生活費不足の16件（30・１％）を抜いてトップの原因であった。

日本では08年にアルコール、タバコ、インターネットと共にギャンブル依存症を調査したところ、男性９・６％、女性１・６％、全体で５・６％という高水準のギャンブル依存症率の実態が明らかになった。（＊29）その調査班の一員であった精神科医の帚木蓬生氏（報告書では実名であるが、本書ではペンネームで統一する）は、この諸外国と比べて高い有病率に驚愕《きょうがく》した班長から「数字がひとり歩きするといけないので、積極的に数字は公表するまいという提案」がなされたことを明らかにしている。（＊30）成人比率で５００万人を大きく超えるギャンブル依存症者の存在を初めて明らかにした調査結果は、関係団体はおろか社会全

表6-2　SOGSの診断項目と点数

(1)ギャンブルで負けたとき、負けた分を取り返そうとして別の日にギャンブルをしますか。
a、しない
b、2回に1回する
c、たいていする
d、いつもそうする　cとdの場合に1点

(2)ギャンブルで負けたときでも、勝っていると嘘をついたことがありますか。
a、ない
b、半分はそうする
c、たいていそうする　bとcの場合に1点

(3)ギャンブルのために何か問題が生じたことがありますか。
a、ない
b、以前はあったが今はない
c、ある　bとcの場合に1点

(4)自分がしようと思った以上にギャンブルにはまったことがありますか。
a、ある
b、ない　aの場合に1点

(5)ギャンブルのために人から非難を受けたことがありますか。
a、ある
b、ない　aの場合に1点

(6)自分のギャンブル癖やその結果生じた事柄に対して、悪いなと感じたことがありますか。
a、ある
b、ない　aの場合に1点

(7)ギャンブルをやめようと思っても、不可能だと感じたことがありますか。
a、ある
b、ない　aの場合に1点

(8)ギャンブルの証拠になるような券などを、家族の目にふれぬように隠したことがありますか。
a、ある
b、ない　aの場合に1点

(9)ギャンブルに使うお金に関して、家族と口論になったことがありますか。
a、ある
b、ない　aの場合に1点

(10)借りたお金をギャンブルに使ってしまい、返せなくなったことがありますか。
a、ある
b、ない　aの場合に1点

(11)ギャンブルのために仕事をさぼったことがありますか。
a、ある
b、ない　aの場合に1点

(12)ギャンブルに使うお金はどのようにしてつくりますか。またどのようにして借金しますか。あてはまるものに何個でも○をつけて下さい。
a、生活費を削って
b、配偶者や両親、子どもの金から
c、親類や知人、友人から
d、銀行から
e、サラ金から
f、定期預金の解約
g、保険の解約
h、家財を売って　○印一つで1点
i、その他、いくつでも書いて下さい。　1つで1点

体に大きな衝撃を与えたが、カジノ推進派はこの調査結果に対して、「そんな高率のギャンブル依存者がいるはずがない」と調査の信頼性を否定することで対応してきた。

しかし、この調査は、全国３５６地点で男女７５００人を無作為抽出した上で訪問による面談調査を通じて得た４１２３名の有効回答に基づくものであり、諸外国の調査と比べてもサンプル数や調査方法において信頼性が十分確保されたものであった。さらにギャンブル依存症の診断基準としては、表６-２のＳＯＧＳ（サウス・オークス・ギャンブリング・スクリーン）という諸外国でも一般に用いられている評価基準（５点以上が病的ギャンブラーと判定）を用いたものであり、国際的共通基準での日本の異常な高水準という事実は否定しがたいものであった。

この調査に対する信頼性の懸念は、厚生労働省が14年８月に同じＳＯＧＳの評価基準を用いて、無作為抽出７０５２名を対象に訪問面接調査で得た４１５３名の有効回答でのギャンブル依存症率が男性８・７％、女性１・８％、全体で４・８％と、08年の調査とほぼ同じ水準であることが明らかにされたことで払拭されたと言える。[＊31] この依存症率は成人人口比で５３６万人に相当するが、同調査でのアルコール依存症者58万人、インターネット病的使用者１２０万に比べても、日本最大の依存症問題としてのギャンブル依存症問題の

表6-3　病的ギャンブル進行の段階

第1段階	お金をやりくりしながらギャンブルを楽しむ段階
第2段階	ギャンブルに魅了され、仕事とする段階
第3段階	ギャンブルへの動機づけが強化される段階
第4段階	コントロールできると考える段階
第5段階	治療、回復支援が可能という認識がなく、借金・尻拭いを繰り返す段階
第6段階	追い込まれ、治療や施設に結び付く段階

出典：厚労科研費「病的ギャンブリングの実態調査と回復支援のための研究」（宮岡等ほか）、2014年3月

深刻さが否定しがたい事実として浮かび上がってきたのである。

ここでのギャンブル依存症率は、SOGS評価で5点以上の「病的ギャンブラー」に該当する部分である（ちなみに3〜4点が「問題ギャンブラー」とされる）。「その他」で、追加で書いた部分の点数を除けば満点が19点である。この評価基準では、ギャンブルに対して自己抑制が効かなくなり始めた段階が「問題ギャンブラー」であり、そこから問題が生じ始めたが人には気づかれずに済んでいる段階が「病的ギャンブラー」という判定だと言える。そこから「家族の目にふれぬように隠す」「借りた金をギャンブルで使い果たしてしまう」「仕事

をさぼってしまう」などからギャンブル資金のために借金に奔走するという段階に至ることでさらに点数が高くなっていくことになる。５点以上のギャンブル依存症（病的ギャンブラー）の中においても、依存症の度合いの深刻さは異なっているのである。

病的ギャンブラーはギャンブルを開始して治療や自助グループに辿りつくまでに、表6-3のような６段階があるとされる[*32]。本人に依存症という自覚はなく、ギャンブルの実態を「隠す」病気と言われるように、第５段階の借金と尻拭いを繰り返す段階で家族が認識し、さらに追い込まれた第６段階でようやく自助グループ等に参加して治療を受けるようになるという。この自助グループ等に参加してギャンブルを止められる状態が維持できている「回復者」のＳＯＧＳ評価は、平均15・７点だったとされる。５００万人以上と推計されるギャンブル依存症者はその依存度の深刻さにおいて一様のグループではないのであり、家族も含めて周りが認識できるほどに深刻になったのはその一部であり、さらに自ら治療を受けるようになるのはそのまた一部なのである。

調査で明らかになったのは、あくまでギャンブルに対する自己抑制が効かなくなり始めた状態というギャンブル依存状態の「初期」段階と言えるが、それは同時に早期に対策と治療を受ける必要があるギャンブル依存者の規模を示すものと言える。では、それだけ治療の困難なギャンブル依存症とはどのような病気なのだろうか。

ギャンブル依存症の4段階の苦しみ

ギャンブル依存症は、本人に病気であるとの自覚がない「否認」の病気であると同時に、「隠す」病気だと言われる。ストレスの発散や一種の興奮を得て楽しいと感じる段階から、より大きな刺激を求めてギャンブルの頻度や回数、時間、そして賭け金額に対する自己抑制が効かなくなり始めると、被害が大きく拡大していくことになる。借金を次々と積み重ねて行き詰まった後にようやく家族や友人・知人に認識され、かつ本人も何とかしようと自分の状況を告白するのであり、ギャンブル依存症の治療に取組んでいる団体や、多重債務問題の解決に取組んでいる団体の網にかかることになる。

　このような「氷山の一角」としてのギャンブル依存症者の多重債務問題に取組んできた関係者の中で、高金利の引下げだけでは解決しえない深刻な問題として貧困格差とともにギャンブル依存症の存在が認識されてきた。そしてギャンブル依存症者の深刻な実態を生々しく体験してきた関係者によって、14年4月にカジノ合法化によるこれ以上のギャンブル依存症問題の深刻化は許せないとして「全国カジノ賭博場設置反対連絡協議会」（新里宏二弁護士代表、以下連絡協議会）が結成されたのであった。

この連絡協議会が発行した手記集『震える』（14年4月）は、家族・友人・知人を巻き込みながら依存行動を深刻化させていく様が30名のギャンブル依存症者の体験談で生々しく明らかにされている。

そこから浮かび上がる現実は、推進派がいうように、ギャンブル依存症になった後でも治療すれば容易に治癒するような生易しいものではないということだ。自らの人生ばかりか家族の生活まで破壊し、なんとか依存症を克服しようという涙ぐましい治療活動を続けながらも、少しのきっかけで「スリップ」というギャンブル再開の危険性を抱えながら生き続けねばならないのである。

体験談から浮かび上がる第1の特徴は、軽い気持ちでギャンブルをした時に思いがけなく大当たりの経験をして、その成功体験（快感）を忘れることができずにギャンブルを続けてしまうということである。ギャンブル依存症のきっかけは大きな勝ちの経験であり、その快感と次も勝てるという根拠のない成功体験への信奉なのである。

第2はギャンブルを続けるなかで負けが込み、その負けを取り戻そうという思いで持ち金を使い果たしてしまい、その後借金を通して金銭感覚を麻痺させて深みにはまっていくということである。

第3にはそうやってギャンブルの勝った快感、負けた悔しさを繰り返し経験するなかで、正常な判断力を失い自分で自分をコントロールできなくなる状態に陥っていくということである。

第4に「底につく」という経験の後にようやくギャンブル依存症の病的状態を自覚し、自助グループへの参加など真剣な治癒の取組みを始めるが、完全に治ることはなく絶えず「スリップ」という逆戻りのリスクを抱えながら生きざるを得ないという現実である。すなわちギャンブルをしないで済む状態は決して治癒した状態ではなく、ギャンブルに過度に反応する脳の状態は維持されているのである。

「陶酔空間」をつくり出す機械

このような日本のギャンブル依存症率の高さと深刻な実態の原因を、国民性や個々人のギャンブルに対する脆弱性に求める議論がある。しかし、すでに見たようにギャンブル依存症の大きな原因としてのパチンコとパチスロに注目したとき、日本のギャンブル依存症率の高水準の理由も理解される。

パチンコとパチスロは、パチンコ屋が玉を販売する一方で、それを現金には換金せず特殊景品を渡すだけであり、客はその特殊景品を場外の別組織である交換所で換金するという、いわゆる3店方式の結果、表向きはギャンブルではなく遊戯として扱われている。しかし、このパチンコ・パチスロ場が、日本最大のギャンブル依存症者の発生工場であることは明らかである。

14年11月の浜田和幸参議院議員の「ギャンブル依存症に関する質問」は、13年末のパチンコ・パチスロ店の総数が1万１８９３店に上るが、パチンコ等が遊戯として扱われ、身分証明書の提示義務もない下で、「全国各地で誰もがギャンブル依存症になる環境が用意されている状態で」あり、３店方式含めた改善が必要ではないかと問いかけている。それに対して政府は、パチンコ等とギャンブル依存症との関係や3店方式の存在は認めないまま、「『ギャンブル依存症』については、適切な治療と支援により回復が可能である一方、『ギャンブル依存症』の症状を有する者が必要な治療を受けられていないという現状があり、適切な治療を受けられるよう必要な環境を整備することが喫緊の課題となっていると認識している」と答えるに留まっている。

まずパチンコ・パチスロの依存症誘発性について確認したい。先にギャンブル依存症に誘発する要因として、①ギャンブルのアクセスの容易性、②ギャンブルの賭けの早さと継続時間の長さ、③勝ち負けで動く金額の大きさを指摘した。この点でパチンコ・パチスロは、24時間営業ではないものの、ハンドル式の操作で多くの玉を短時間で出すことが可能であり、玉の金額（パチンコでは1玉1円から4円の違いがある）にもよるが1日10万円前後の勝ち負けが発生するようになっている。

台ごとの出玉率（パチスロでは1段階から6段階の設定が可能であり、客の勝つ確率が高いもので8割になるものもあるという）が異なっており「勝ちやすい台」「負けが込む台」があるなかで店総体としては必ず利益が出る、つまり客側は総体として負けるように設定されていると言われる。店側に利益を出しながら客が勝てる台があるということは、客の負け額が大きくなる台もあるということである。また射幸性の高い台は当たりが出るまで負けが込む台ということでもあり、当たるまで何万円の負けまで耐えられるかがポイントともされる。

しかし客は継続して勝ち続けることは困難であり、長期的には負けが込むことになり、勝った経験（快感）を味わうと同時に必ず負けることで、その負けを取り戻そうという精神状況に追い込まれていく。店側は客をパチンコ等に熱中させるために、店内の音響効果で精神的高揚を煽り、操作に夢中になるような「陶酔空間」に誘導していくことに工夫を重ねることになる。

かつてパチンコ等の射幸心を煽るために、出玉率の高い台が流行した時期は、短時間で大負けし、その負けを取り戻そうとするなかで依存症になり、多額の借金を重ね、最終的には自殺に追い込まれるケースが多発し、「自殺者製造機」と呼ばれた台もあったという。その射幸性は、警察の指導と検査のもとに規制されているとはいえ、庶民にとっては大きな金額の勝ち負けを生み出すことには違いはなく、深刻なギャンブル依存症問題の温床となっている現実は変わりがない。

推進派の美原融《とおる》氏は、「偶然性に支配されるパチンコは遊戯のプロセスを楽しむ比重は大きく後退」しているが、カジノはパチンコ以上に「熱中させる」要素があり、投資金額も自然に大きくなると述べていた（＊33）。「カジノと既存のギャンブルとは商品特性が異なるので、双方の顧客はあまり重複することなく、共存することができるのではなかろうか。……『うまくすれば大儲けできる』というギャンブル性の高さに魅力を感じる顧客の増加が推測され」、「カジノは消費者から見て既存の公営競技やギャンブルとは異なった特性をもっている」というように、パチンコ以上にカジノはギャンブル依存症を誘発するものであることは確認しておきたい。

「完治しない病気」のケア

このギャンブル依存症は、従来、進行性の慢性的な病気であるとみなされてきた。しかし、近年、ギャンブル依存症は、一時的病状で治癒する病気であるとの見解も示されている。ここから、カジノ合法化を機に、その収益をもとにギャンブル依存症の防止策と共に治療体制を整備することでカジノの健全性を維持できるという主張もある。しかし、自ら精神科医としてギャンブル依存者の治療に当たるなかでギャンブル依存症者の臨床的実態の系統的分析を行ってきた帚木蓬生氏は、ギャンブル依存症は進行性の慢性的病気であり、一旦発症すると完全治癒することはないと指摘している。

日本で初めてギャンブル依存症の臨床的実態を学問的に明らかにしたとされる帚木氏によれば、ギャンブル開始年齢は平均で20・2歳、借金開始の平均年齢27・8歳であり、ギャンブル依存症になるまで平均で6・3年経過しており、「年少時にギャンブルを始めれば始めるほど、病気は深刻化する」という海外の知見と一致するという[*34]。

そしてギャンブル依存症を発症した後は、借金を繰り返しながらもギャンブルを継続する状態となり、「病者は一方で婚期を逃し、他方既婚者も、家庭崩壊の果てに離婚に至るという、二極化現象」を引き起こしながら、自らもうつ病などの精神的病やアルコール中毒などの他の依存症を併発させ、心身の健康を失っていくという。さらに借金が行き詰まり、自己破産や債務整理等を通じて借金を帳消しにしたとしても「治療しなければ病的賭博は止まず、いずれ新たな負債が」できてしまうのだ。

帚木氏は14年にも同様の調査結果を明らかにしている。[*35] やはり、ギャンブル開始年齢が平均18・７歳、借金の開始年齢が29・１歳という進行を辿り、表６-４に見るようにギャンブルにつぎ込んだ金額が１０００万円以上のものが57・９％を占めたという。また債務整理に追い込まれたものが53・６％、精神科的な合併症が28％に見られたという。

そして様々な経過の後にＧＡ参加に至った平均年齢が41・７歳であり、ＧＡ参加後にギャンブルを再開する「スリップ」を経験したのが約半数にのぼるという。ＧＡへの月平均参加回数が８・４回とされるが、継続的な治療に取組みながらも常にスリップする恐怖と背中合わせで生きていかなければならない。

このように病院等の治療窓口を訪れ、そしてＧＡなどでの治療活動に参加する人は、ギャンブル依存症者のほんの一部分でしかない。「否認」の病気であり「隠す」病気である

表6-4　ギャンブルにつぎ込んだ金額

金額	人数	比率
300万円未満	10	8.3%
300～500万円	17	14.0%
500～1000万円	24	19.8%
1000～2000万円	29	24.0%
2000～3000万円	24	19.8%
3000～5000万円	9	7.4%
5000～１億円	6	5.0%
１億～２億	1	0.8%
２億以上	1	0.8%
合計	121	100.0%

出典：「Gamblers Anonymous（GA）の参加者125人の臨床的実態」

ギャンブル依存に苦しむ人々を、早期に発見し、適切な治療機関に紹介し、そして継続的な治療に参加させる体制や受け皿となるＧＡ等の組織は、表６－５に見るように極めて少数なのである。

　ギャンブル依存症者に医療プログラムを用いて治療するほか自助グループ等への紹介のみを行うものを含めても、ギャンブル依存症者に対応可能な病院は全国で40機関、診療所・クリニックで39機関にすぎない。ＧＡなどの治療活動に取組んでいるボランティア組織は２８３団体にすぎず、都道府県別で見た場合空白県も含めて極めて脆弱な体制であることがわかる。リハビリ施設はわずかに６カ所しかないのである。

表6-5　依存症治療体制の現状

	病院	診療所・クリニック	相談室等	リハビリ施設等	GA	ギャマノン	合計
北海道	3	0	0	1	9	7	20
青森県	0	0	0	0	1	1	2
秋田県	0	0	0	0	1	0	1
岩手県	0	0	0	0	1	0	1
山形県	0	1	0	0	1	1	3
宮城県	1	2	0	0	1	1	5
福島県	0	1	0	0	3	6	10
茨城県	0	1	0	0	3	5	9
栃木県	0	0	0	0	1	4	5
群馬県	1	0	0	0	1	3	5
埼玉県	1	3	2	0	5	9	20
千葉県	2	0	0	0	3	10	15
東京都	1	7	5	0	12	17	42
神奈川県	0	6	4	3	15	10	38
山梨県	0	0	0	0	1	1	2
長野県	2	1	0	0	4	2	9
新潟県	0	0	0	0	3	3	6
富山県	1	0	0	0	1	2	4
石川県	2	3	0	0	1	2	8
福井県	1	0	0	0	2	2	5
岐阜県	1	0	0	0	0	2	3
静岡県	2	2	0	0	2	1	7
愛知県	0	2	0	0	3	3	8
三重県	1	0	0	0	1	2	4
滋賀県	1	0	0	0	2	1	4
京都府	0	3	0	0	5	2	10
大阪府	1	2	0	0	10	4	17
兵庫県	0	1	1	0	5	6	13
奈良県	0	0	0	1	5	4	10
和歌山県	0	0	0	0	1	0	1
鳥取県	1	0	0	0	0	0	1
島根県	1	1	0	0	2	1	5
岡山県	1	0	0	0	1	0	2
広島県	1	0	1	0	2	3	7
山口県	0	0	0	0	3	0	3
徳島県	1	0	0	0	1	0	2
香川県	0	0	0	0	1	1	2
愛媛県	0	0	0	0	3	0	3
高知県	0	0	0	0	1	1	2
福岡県	4	1	0	0	13	6	24
佐賀県	1	0	0	0	2	1	4
長崎県	1	0	0	0	4	2	7
熊本県	3	0	0	0	3	1	7
大分県	0	2	0	0	2	1	5
宮崎県	1	0	0	0	3	1	5
鹿児島県	1	0	0	0	2	1	4
沖縄県	3	0	0	1	4	3	11
合計	40	39	13	6	150	133	381

出典：厚労科研費「病的ギャンブリングの実態調査と回復支援のための研究」（宮岡等代表、2014年3月）

注：病院と診療所等については、プログラムを用いて対応している病院の他に、自助グループへの紹介のみを行っているところも含んでいる。

ギャンブル依存症に対応できる専門医やボランティアの育成も含めて人的な体制も整っていないもとで、カジノ合法化でギャンブル依存者が増大しても治療等をすればよいという推進派の主張は、日本のギャンブル依存症対応の治療体制の貧弱さを直視しない空理空論としか言いようがない。

「心」ではなく「脳」の異常

さらにギャンブル依存症が、推進派が言うように適切な治療等によって「容易に」治癒可能なものではないことが、近年医学的にも明らかになってきた。帚木氏は、ギャンブル依存症はアルコール依存症と瓜二つであるとして、その離脱症状と耐性の存在を指摘されている。すなわち「ギャンブル三昧の日々を送っていた人が、何かの拍子にギャンブルができなくなると、焦燥感や落ち着きのなさ、不眠、動悸や息苦しさ、冷汗、手の震え」などの離脱症状や、「はまり込むにつれて、多少の金額を賭けるのでは興奮せず、次第に大金を賭けるように」なるという耐性が発生するのだという。

そしてこの近似性はアルコール依存症と同様にギャンブル依存症が脳の物質的変化を生み出すことで生じる病気であることが原因だとしている。

帚木氏によるとギャンブルによる興奮（快感）によって、快感により興奮させるドパミンの分泌が増え、行為を抑制するセロトニンが減り、行為を継続させるノルエピネフリンが増えることが医学的に証明されてきたという。ドパミンが過剰分泌されると衝動的な報酬回路が優位になり「今すぐの利益と興奮を求めての行動に走り、そんな行動をすれば、ゆくゆくは大変な損失を被るという考えは、どこかに吹き飛んで」しまうのだ。

そしてこのドパミン優位の脳は「一度たくあんになった脳は、二度と大根には戻らない」ように元の状態には戻らないため、自助グループに参加し続けて衝動的な報酬回路を抑制し続けないといけないというのである。このような科学的知見に基づけば、ギャンブル依存症はより大きな刺激による快感を求めていくことで深刻化していく進行性の病であり、一旦その病にかかると脳の物質的変化によって元に戻らない慢性的な病ということになる。

このように脳の神経伝達物質の分泌構造が変化し、ドパミン等の報酬回路が過敏になる一方で、セロトニンという抑制回路が収縮するという脳の物質的変化が起きてしまったのがギャンブル依存症の状態であるとするならば、それは心の弱さや性格という問題ではないということである。アルコールや麻薬等の依存症と同じような治療活動が必要なのであり、その離脱症状を克服しつつ、脳を正常化していくのは非常に困難な治療活動ということになる。ギャンブルをやらない状態に「回復」させることができたとしても、ギャンブルのみに異常な快感を得る脳はそのままであり、ちょっとしたギャンブルで再び脳はドパミンを過剰分泌することで自己コントロールができない状態にすぐに戻ってしまうのである。推進派のいうギャンブル依存症の「治癒」は、決してギャンブル依存症の完治を意味していないと言える。

そして看過してはならないのは、「否認の病気」「隠す病気」、そして「巻き込む病気」であるギャンブル依存症が当事者や周りから認知され、そして治療に取組むまでには長い年月を要していることだ。

それまでに症状が深刻化し、本人の財政的破綻や心身の健康喪失、そして家族関係の崩壊や失業など様々な大きな被害がすでに発生してしまっている可能性が高いのである。病気になってから治せば良いという推進派の主張は、このギャンブル依存症者のみならず家族や親族・知人が味わう被害や苦しみをあまりにも軽んじたものだと言わざるを得ない。こうしたギャンブル依存症の深刻さを踏まえた上で、カジノ規制がどこまで責任あるギャンブリングを有効なものにするかを判断しなければならない。

第7章

カジノはコントロールできない

「責任あるギャンブラー」とは誰か

カジノ推進派は、「カジノ・エンターテインメントが生み出す経済的社会的メリットがデメリットを総合的に上回ることが証明」（*1）されており、適切な対策によって社会的コストを抑制しつつ、より大きな社会的利益を享受できるとする。さらには、カジノのギャンブル収益でパチンコ等も含めたギャンブル依存者の治療対策を十分に行うことが可能となると主張する。

シンガポールでも根強い反対論を押しきるために、経済的利益の大きさを強調する一方で、その弊害は最小限化できるとして、市民に対しては入場料徴収の規制を導入し、NCPGなどの依存症対策機関の設置などの対応を行った上でカジノ合法化に踏み切ったのであった。日本におけるカジノ推進論も、ギャンブル依存症の増大は認めつつ、厳格な規制でその発生を最小限化し、たとえギャンブル依存症になっても適切な治療で治癒できるという認識を繰り返している。

ギャンブルをほとんどの客が健全に楽しめるエンターテインメントの一つにほかならないとしつつ、ほんの一部の健全にギャンブルを楽しめない「脆弱な」人々がギャンブル依存症に陥るのを出来るだけ抑止することでギャンブルの健全性を維持できるという考えを

「責任あるギャンブル」（responsible gambling、カジノ業界は「責任あるゲーミング」という用語を使うが、本書では「責任あるギャンブル」を基本的に使用する）と言う。

　この「責任あるギャンブル」を積極的に提唱し推進している米国ゲーミング協会（ＡＧＡ、１９９５年設立）は、カジノ業界にとってギャンブル依存症者の発生は対応すべき最優先課題であるとしつつも、「圧倒的多数の米国人が責任もってギャンブルを行うことができるのに、ほんの一部の人々（成人の1～2％程度）が責任あるギャンブルができない」として「ギャンブルを責任もって楽しめない人々に必要な助けを提供し、ギャンブルを責任もって行うことの重要性を理解させる」ことがカジノ業界の課題だというのである。

　ＡＧＡの「責任あるゲーミングのガイド」（２００２年版）は、「ギャンブルは、映画鑑賞、スポーツイベント、演劇鑑賞のような娯楽活動と同じような米国の中心的な文化として受け入れられてきた。ほとんどの国民は弊害もなく娯楽として楽しんでいる。しかしながら、一部の人にとっては、過剰にプレイすることでもはや娯楽ではなくなってしまう」として、客が責任あるギャンブルを行えるように客や従業員、そして社会を啓蒙教育していくことが重要であると強調する。

　同ガイドは、「責任あるゲーミング」とは、①ギャンブラーがギャンブルの性質上リスクを伴い、賭けが胴元側に有利であること、②限られた頻度と継続時間で行われ、事前に決めた許容可能な負け額の範囲で行われるべきギャンブルであることの二つを理解しており、かつそれらを実践できるのが責任あるギャンブラーの条件だとしている。ギャンブルはあくまで個人の選択の問題であるが、各個人は「ギャンブルを娯楽に留めるために、上限を決め、いつ止めるかを知るべきである」という。そして責任あるギャンブラーは、余裕の範囲で負け、借金してギャンブルをするのは回避し、精神的な苦しさを紛らわすために行わず、負け額は楽しみのコストと認識することが必要だという。

米国では、80年代末以降に各州でのカジノ合法化によって急速にカジノが普及するとともにギャンブル依存症などの弊害が顕在化したのであるが、このような状況で結成されたカジノ業界団体である米国ゲーミング協会は、設立早々に「責任あるゲーミングの全国センター」（ＮＣＲＧ、National Center for Responsible Gaming）を組織して、ギャンブル依存症やその治療方法等についての「科学的」研究への財政的支援をこれまで２２００万ドル行ってきたとされる。ＡＧＡ会長が、ニコチン中毒問題に対する対応を誤った、たばこ産業の経験を教訓として設立したとされる。

また03年には、「責任あるゲーミングのための行動規範」（Guidelines of the AGA

Code of Conduct for Responsible Gaming）を制定して、カジノ業界側の取組み課題を明示してきた。その「行動規範」は、顧客が「責任あるギャンブル」を行うことができるようにカジノ側が環境維持に努めるという内容であり、業界側が顧客の射幸心をあおったり、飲酒等で正常な判断力を失った顧客を放置しないように努めたり、ギャンブル依存症になった顧客に対して相談電話の案内を行うといった内容に留まっており、あくまで責任あるギャンブルの「責任」を顧客側に求めるスタンスと言える。

　このような責任あるギャンブルの推進は、欧州やカナダなどの各国においてもそれぞれのカジノ業界の資金援助のもとに取組まれている。たとえば、欧州カジノ協会（ＥＣＡ）「カジノにおける責任あるゲーミングのための実務規範」の内容はＡＧＡの行動規範と同じである。

　カジノ業界は、一定の財政的支援のもとギャンブル依存症問題に取組むことで、カジノのギャンブルは自己責任で楽しめる健全なエンターテインメントであるというイメージを広げ、そのマイナス面を最小化しながら利益の享受を極大化できるという主張を展開しているのである。このようなカジノ業界の資金をバックにした調査研究によって、一定の経験を経るとギャンブルに対する順応力がつき、ギャンブル依存症に陥る危険性が低下していくという研究成果も出されている。

　これらの研究については、ＡＧＡは、どのような研究に助成金が支出されるのかは専門家による委員会が検討し決定しているので研究の独立性は保証されているという。その一方で、カジノのギャンブルがどのようなメカニズムで依存症者を生み出していくのか、またはその商品の有害性についての調査研究については資金提供が行われないなど、研究の独立性への疑問もカジノ審議会等によって出されている。

世界はギャンブル依存症を止められるのか

　世界１２０カ国以上で営まれているカジノにどのような規制がかけられているのか、はたしてそれは機能しているのかを見ることで、日本で提起されている規制案について検討していきたい。

　カジノ業界の「責任あるギャンブル」論は、ギャンブル依存症の問題を一握りの責任能力のない顧客の問題に矮小化するが、グリフィス（ノッティンガム大学教授）は、ギャンブル依存症の原因として個人的特性のほかに状況的特性と構造的特性の役割を強調する（表７－１）。

表7-1　ギャンブル依存症の３要因

個人的要因	性別	
	年齢	
	心理状態	
	脆弱性	
状況的要因	環境	施設への距離
		施設の数
		会員制の有無
	施設内設備	照明や空調
		色彩
		BGM
		フロアレイアウト
		休息施設
	誘導	宣伝
		無料送迎
		宿泊施設
		無料経験
	継続性	ATMの設置
		無料食事
		アルコール提供
構造的要因	勝つ確率	
	賭け金額	
	ニアミス効果	
	技量の比率	
	賭けの間隔	
	賞金の大きさ	
	音響効果	

出典：M.Griffiths他『Problem Gambling in Europe』2009年

　状況的特性とは、カジノへのアクセスの容易さや施設内のレイアウト、そして宣伝や無料送迎サービス、飲食の提供、ＡＴＭの設置などギャンブルをしやすくする環境的要因である。構造的特性（スロットマシンの場合）はニアミス効果による客の認識操作や賭けの回数・速度、音響の効果、勝つ確率などのゲームやマシンによるギャンブラーへの影響要因であるという。個人の性別、年齢、ストレス等の精神状態、そしてギャンブルへの好奇心や自己規制心の強さなどの個人的要因に解消できない状況的・構造的要因も、ギャンブル依存症を発症させる上で大きな影響力を持っている。責任あるギャンブルを実効あるものにしていくためには、個人への教育や啓蒙、時間管理の重要性を説くだけでなく、ゲーミングのルールやスロットマシンの設定等に対する規制も必要となってくる。

各国での責任あるギャンブルの取組みは、個人責任に重きを置いた取組みから、カジノ企業側への規制や掛け金や賞金の上限規制などのギャンブルのルール規制に踏み込んだものへと発展しつつあるとはいえ、偏りが大きく、かつ法的根拠を欠いたカジノ業界の自主的取組みに留まっているところも多い。たとえば、米国では表7-2のように、08年段階で商業カジノを合法化している20州では、責任あるギャンブルの行動規範で示されている取組みについて、州の監督当局等が法的に定めていない項目が多い。賭け額や負け額の上限を法的に規制しているのはわずか3州であるが、そのうち負け額の上限を定めているのはミズーリ州のリバーボートカジノ（船上型カジノ）の一就航での最大負け額500ドルのみである。

カジノ業界の自主規制に実質的にギャンブル依存症防止と治療等の対策が委ねられている米国に対して、欧州では国と監督当局が主体となってギャンブル依存症対策に取組み、法のなかでカジノ業界に対して責任あるギャンブルの徹底を義務づけているところが多い。

たとえば05年ギャンブリング法を制定し、統括的な規制機関としてのゲーミング委員会

表7-2　米国カジノの依存症対策の法と規制

	電話相談	宣伝規制	飲酒	融資	従業員訓練	従業員の依存症防止	賭け額・損失規制	ダイレクトメール	警告ポスター	啓蒙活動	自己排除	治療補助	年齢
コロラド			○	○			○					○	21
デラウエア												○	21
フロリダ	○				○	○			○	○	○		21
イリノイ	○				○				○	○	○		21
インディアナ	○								○		○	○	21
アイオワ	○		○		○				○			○	21
ルイジアナ	○	○	○	○	○	○		○	○	○	○	○	21
メーン		○	○	○	○	○		○	○		○	○	21
ミシガン	○									○	○	○	21
ミシシッピー					○				○		○		21
ミズーリ			○	○			○	○			○	○	21
ネバダ	○				○				○		○	○	21
ニュージャージー	○	○		○					○		○	○	21
ニューメキシコ					○							○	21
ニューヨーク		○			○				○		○	○	18
オクラホマ				○	○	○			○	○		○	18
ペンシルベニア	○			○	○	○			○	○	○	○	21
ロードアイランド													18
サウスダコタ							○					○	21
ウエストバージニア	○								○				21

出典：American Gaming Association　Responsible Gaming Statutes and Regulation
注：自己排除リストに登録された場合は、クレジット利用、コンプの利用、小切手換金、会員特典、DMなどの適用中止となる。
　自己排除制度は、各州によって内容が異なっている。(2008年2月段階での状況)

を設立した英国のように、それぞれの省庁が様々なギャンブルを管轄し、統一的なギャンブル規制体制が存在しなかった国でカジノ管理委員会といった規制機関が設立され、統一的な法のもとに様々なギャンブル依存症の防止策やギャンブルのルール制定などカジノの弊害の抑制策が展開されるようになっている。

そして欧州におけるギャンブル依存症対策は、ギャンブル依存症発症の状況的要因や構造的要因に踏み込んだ取組みとなっている。たとえば、１９９３年の国民投票で１９２８年以来のカジノ禁止を撤廃したスイスは、98年に「連邦カジノ法」を制定し、タイプＡ（テーブルゲーム16台、スロットマシン２５０台まで）とタイプＢ（テーブルゲーム６台、スロットマシン１５０台まで）のカジノ営業を認めたが、表７－３に見るように、厳しい規制を課している。賭け額や賞金額の上限規制から、カジノ入場には登録した上で発行されたＩＤの提示が必要である。

カジノは、常連客に対してはその所得や財産のチェックを行い、その財力に比して過度な賭けを行い、借金を抱え込むようになった客の立ち入りを禁止するなどの取組み義務が課され、毎年その報告を行うことが求められている。

スイスのほかでも、客の訪問回数やギャンブルの頻度や継続時間、賭け額などをモニタ

表7-3　欧州主要国におけるギャンブル依存症対策

単位：百万人、百万ユーロ

	カジノ数	訪問客	収益	監督	税率	規制
オーストリア	12	2.4	254	財務省	GGR30%	18歳以上でPhoto ID必要。回数や集中度をモニタリング。信用チェックの上面談で勧告。十分な資金を持たない場合は入場制限。客は訪問回数制限や入場禁止の自己排除申請可。分煙。
ベルギー	9	1.4	113	Gaming Commission	累進課税でスロット20～50%、テーブル33%&44%	カジノは21歳以上。自己排除制度ありデータベースで一括管理。司法関係者、警察官は立入禁止。ソーシャルワーカーによる立入禁止申請も可。従業員の研修も義務化。分煙。ATM禁止。融資や融資による決済禁止。
デンマーク	6	0.4	56	Gambling Authority	累進課税でDKK4mまで45%。超えたら75%	18歳以上。分煙規制。ID必要で訪問回数等のデータ5年保存義務。自己排除制度と24時間のプレイ停止(クーリングオフ)制度あり。
フランス	198	32.0	2,205	財務省と内務省	10%～80%(2013年)	従業員研修は毎年。自己排除制度。営業時間制限。喫煙室の設置。18歳以上。ID必要。VLT禁止。スロットはプリペイドカード必要。
ドイツ	70	5.8	610	各州と内務省	GGRの90%	登録とID必要。定期研修の義務。宣伝規制。マネーロンダリング対策。自己排除制度。早期診断。危険性の情報掲示。勝ち負けの確率掲示。関係団体による立入禁止申請。18歳から21歳。禁煙が原則。
イタリア	4	2.3	338	内務省	ゲーム機への課税5～12.5%	公的規制なし。18歳規制と自己排除制度、依存症の情報提示や発見の訓練などの自主的取組み。地方政府の営業時間規制あり。
オランダ	14	5.4	476	Gaming Authority	GGR29%	リスク情報の提供。顧客保護の従業員研修。顧客のモニタリングと早期発見と防止策。治療機関の紹介。18歳以上。
ポルトガル	11	5.5	272	Inspectoral-General for Gaming	GGR30～50%相当の年会費	18歳規制。12時間までの営業時間。自己排除制度。監督機関に入場禁止権限あり。分煙規制。依存症の情報は自主的に提供。
スペイン	42	4.2	302	地方政府	累進課税で2m€で22%、5m€で45%	禁煙。18歳規制で入場チェック。自己排除制度。非登録者は入場禁止。企業による情報提供などの取組みあり。
スウェーデン	4	1.1	131	Gaming Board	国有で非課税	20歳で登録制。依存症防止に向けた従業員研修。20～24歳で過去3ヶ月間で毎週1回以上の客には面談。回数制限と入場禁止の自己排除制度。テレビ、ラジオ、外部での宣伝禁止。融資の禁止。従業員のギャンブル禁止。賭け額や賞金の規制。禁煙。
スイス	21	5.0	635	Gaming Board	累進制でGGRの40～80%	18歳以上で登録制。IDチェック必要。依存症防止の取組みについて毎年報告義務。重債務で所得や財産に比して多額の賭けを行っている場合は禁止。常連客には財務状態を示す書類提供を要請し、未提出の場合は入場禁止。自己排除制度。依存症の危険性や治療に関する情報提示義務。従業員の研修。
英国	144	19.5	1,213	Gaming Commission	累進制でGGRの15～50%	自己排除制度。18歳以上。スロットの賭け金額と賞金の上限規制。

出典：European Casino Association European Casino Industry Report 2014
注：GGR＝総収益、DKK＝デンマーククローネ、m＝100万

リングし、場合によっては面談し勧告する義務が課されているオーストリア、客ごとに訪問回数等のデータ管理を行い、必要なときは24時間のギャンブル停止（クーリング措置）を行う制度があるデンマーク、20〜24歳の若者については過去３ヶ月間毎週1回以上の常連の場合には面談を行うほか、カジノ外での宣伝を禁止しているスウェーデンなど、客の自己責任に解消しない国が多い。

　欧州におけるカジノ規制は、①登録制に基づくＩＤカードによる訪問回数やギャンブル状況のモニタリング、②モニタリングに基づいて依存症の早期発見と面談に基づく勧告、必要な場合には訪問回数の制限や入場禁止措置、③ＡＴＭの設置禁止のほか、客への融資やクレジットカードによる負け額の支払いの禁止で借金でギャンブルを続けられないようにする、④所得や借金などの財産チェックを行い、財産的裏付けがない客は入場禁止する、⑤テーブルやスロットマシンごとにギャンブルの危険性や勝ち負けの確率の情報などの掲示、依存症相談先の案内などの情報掲示を行う、⑥本人や家族のみならず、ギャンブル依存症の治療に取組んでいる関係団体申請による自己排除制度の適用を行う、⑦テレビ、ラジオやその他の媒体によるカジノ外での宣伝禁止などが主要な内容となっている。

表7-4　1968年ゲーミング法におけるゲーミングマシン

種類	賭け額	賞金	認可店
Jackpot machines	50ペンス～2ポンド	250～4000ポンド	カジノ、ビンゴホール、メンバーズクラブ
Amusement With Prizes machines	30ペンス	5ポンド	アーケード、フィシュアンドチップ
All-Cash machines	30ペンス	25ポンド	アーケード、ビンゴホール、パブ、ベッティングショップ

出典：The Gambling Act 2005: A bet worth taking? 2012.7

イギリスを変えたスロットマシン

このような欧州におけるギャンブル依存症対策の先進的事例は、日本のＩＲ型カジノでは適用が難しいと言える。欧州でのカジノは、小規模なカジノ単独の営業が基本だからである。１９６０年の賭博とゲーミング法でビンゴホールやカジノの合法化に踏み切った英国では、１９６８年ゲーミング法で厳格な規制を課したと言われる。たとえば、スロットマシンについては表７－４のように、３種類のマシンの設置がそれぞれのギャンブル営業店に認められていた。カジノに認められていたスロットマシンは賭け額が50ペンスから2ポンドであり、賞金額も２５０ポンドから４０００ポンドに上限が定められていた。それぞれのテーブル数やマシン数も定められ、そしてカジノ入場には24時間前までの事前登録が必要であり、カジノ内でのアルコールの無料提供や音楽などのライブでの提供も禁止されていた。

このような会員制を基本とした小規模なカジノ市場の改革が行われた05年ギャンブリング法でも、米国ラスベガス型の大規模なカジノの導入は拒否されている。そこでは、1968年ゲーミング法で認可されてきた小規模なカジノに加えて、スモールカジノ(上限8)、ラージカジノ(上限8)、リージョナルカジノ(上限1、スーパーカジノとも呼ばれている)を導入した(表7－5)。最大のリージョナルカジノでも、テーブルは40台以上が認められているがスロットマシンは最大1250台であり、米国の巨大カジノに到底及ばない規模であるが、それでもギャンブル依存症を増大させ地域経済にも大きな影響を与えるとして、実施に必要な法が議会で否決されたままとなっている。ラージカジノは2カ所で営業を開始しているが、その規模はテーブル30台にスロットマシンは150台にすぎない。スモールカジノに至ってはテーブル40台にスロットマシンが80台なのである。

ところで英国のギャンブル市場の中心は、表7－6に見るように、スポーツなどあらゆるイベントを賭けの対象にしているベッティングショップである。そのほかビンゴホール

表7-5　英国のカジノの規模

	認可枠	営業数	テーブル（最小）	スロット（最大）	スロット条件	テーブルとスロット比
Regional Casino	1	0	40	1250	賭額・賞金制限なし	
Large Casino	8	2	1〜30	150	賭金10ペンス〜5ポンド、賞金5〜1万ポンド	1対5
Small Casino	8	0	1〜40	80	賭金10ペンス〜5ポンド、賞金5〜1万ポンド	1対2
1968賭博法下で設立カジノ	186	146		20	賭金10ペンス〜5ポンド、賞金5〜1万ポンド	制限なし

出典：UK Gambling Commission HPより作成

注：①1968法賭博法カジノは、賭け金10ペンス〜1ポンド、賞金5ポンド〜100ポンドのスロットであれば台数制限はない。
②BettingやBingo等は賭け金100ポンド、賞金500ポンド以下のスロットしか認められていない。

表7-6　英国のゲーム別ギャンブル市場

単位：百万ポンド

	09年度	13年度	比率
アーケード	456.0	387.1	5.7%
ベッティング	2,803.9	3,216.5	47.1%
ビンゴ	627.2	677.6	9.9%
カジノ	752.7	1,108.2	16.2%
ネットギャンブル	632.2	1,139.4	16.7%
宝くじ	158.6	306.8	4.5%
総収益	5,430.6	6,835.6	100.0%

出典：英国ギャンブリング委員会“Industry Statistics”

やアーケードと呼ばれるギャンブル店があり、カジノは近年急速に成長しているとはいえ13年で収益11億ポンド（シェア16・２％）に留まっている。表７－７に見るように、ロンドン以外の地方のカジノ１２０店の平均収益は２６０万ポンドにすぎず、ロンドン地区27店でも２４９０万ポンドに留まっている。

　このような英国のギャンブル市場で急成長し、ギャンブル依存症の原因として注目されているのがスロットマシンである。スロットマシンについては、表７－８のように規格ごとに最大の賭け額と賞金額が定められ、それぞれの認可店が定められている。最大の賭け額と賞金額の制限がないスロットマシンの使用が認められていた、スーパーリージョナルカジノが設置拒否されているので、英国のスロットマシンはこのような上限規制が課されたものばかりということになる。そしてこの中でも最大の台数と収益を誇るのが表７－９に見るように「ギャンブルのクラックコカイン[＊36]」と呼ばれているＢ２規格のスロットマシンである。

　このスロットマシンを主力とするベッティングショップにおける自己排除制度適用者数は、表７－10に見るように09年度の１６３１２人から13年度には２４４７１人と１・５倍に増大している。数としては少ないとは言え、ビンゴホールやカジノでの自己排除制度適

表7-7　英国のカジノ規模の比較

単位：百万ポンド

	店数	賭け金	カジノ収益	win率	店舗当たり収益
地方	120	2,088.8	314.9	15.1%	2.6
ロンドン	27	5,379.3	671.4	12.5%	24.9
合計	147	7,468.1	986.3	13.2%	6.7
比率　地方	81.6%	28.0%	31.9%	114.2%	
ロンドン	18.4%	72.0%	68.1%	94.5%	

出典：UK Gambling Commission HPより作成

表7-8　英国のスロットマシン規制

単位：ポンド

分類	最大賭け額	最大賞金	認可店
A	無制限	無制限	リージョナルカジノ
B1	5	10,000	上記+ラージカジノ、　スモールカジノ、2005年法以前のカジノ
B2	100	500	上記+賭け屋
B3	2	500	上記+ビンゴ店、アダルトゲーミングセンター
B3A	2	500	メンバーズクラブ他のみ
B4	2	400	上記+メンバーズクラブ、商業クラブほか
C	1	100	上記+家族娯楽センターほか
D	0.1	5	非認可の家族娯楽センターほか

出典：英国ギャンブリング委員会

表7-9　英国のスロットマシン規格別の収益

単位：百万ポンド

種類	09年度		13年度		13年度構成	
	台数	収益	台数	収益	台数	収益
B1	2,499	114.7	2,704	146.6	1.6%	6.3%
B2	33,706	1,167.5	34,616	1,574.9	20.9%	67.4%
B3	13,069	152.5	16,392	292.4	9.9%	12.5%
B4	514	2.9	199	0.9	0.1%	0.04%
C	52,738	157.9	51,312	216.1	31.0%	9.2%
D	47,384	84.2	60,223	106.2	36.4%	4.5%
合計	149,910	1,679.7	165,446	2,337.1	100.0%	100.0%

出典：英国ギャンブリング委員会“Industry Statistics”

表7-10　英国の自己排除制度適用者数

単位：人

		09年度	13年度
ベッティング	自己排除者	16,312	24,471
	違反者	8,389	19,589
	解除者	1,867	4,748
ビンゴ	自己排除者	469	1,120
	違反者	28	42
	解除者	141	362
カジノ	自己排除者	6,225	7,633
	違反者	594	899
	解除者	1,326	2,311

出典：英国ギャンブリング委員会“Industry Statistics”

用者の数は増大しており、05年ギャンブル法によるギャンブル市場の自由化によるギャンブル依存症者の増大が大きな懸念となっている。

実際、「英国ギャンブリング普及調査」最新版（10年）では、問題ギャンブラー比率が07年度の０・６％から０・９％に１・５倍増になったことが注目され、その増大を軽視する業界の反応の一方で、オルフォルト・バーミンガム大学教授の「最善の証拠は、問題ギャンブラーの数が安定しているどころか、この３年間で顕著に現実に増大していることを示唆している」という指摘を紹介し、より正確なデータに基づく調査の必要性を確認している。

「儲ける力」に特化する日本のカジノ

カジノ業界は、カジノ合法化や一層の自由化によっても、責任あるギャンブルに基づく取組み強化で、カジノの弊害についてはコントロール可能としているが、欧州のような小規模なカジノで厳しい規制が課されていても十分弊害が是正できているとは結論できない。責任あるギャンブルの実施は、一定の積極的な役割を持ちつつも大きな限界を持っている。最大の問題は、健全なギャンブラー（責任あるギャンブルを実践できている人）と不健全なギャンブラー（責任あるギャンブルを実行できない人）という二分法であり、ギャンブルを健全なエンターテインメントの一つとして認めていることである。

すでに見たように、ギャンブルはそれぞれの種類や提供の仕方によって程度の違いはあれ、ギャンブル依存症を誘発する危険性を持っている。病的ギャンブラーとして依存症を発症した人、そして問題ギャンブラーとして依存症を発症しつつある人に留まらず、それ以外の人でもギャンブル依存症を誘発するリスクにさらされている状態である。ギャンブルを経験し、程度の差はあれ、勝った経験、負けた経験を繰り返すことで、脳のドパミン分泌などの変化が起き、ギャンブルに対する離脱症状や耐性が次第に強まっていくことで、より大きな刺激を得られるギャンブルへと移行していくことになる。

カジノを認めながらその依存症の抑制や治療に取組むという姿勢は一種のマッチポンプであり、ノルウェーカジノ管理委員会が国内でのスロットマシン禁止に踏み切りつつ、「経験が示すものは、問題ギャンブルへの最も効果的な対策は、ギャンブルの利用可能性を法によって規制することである」[*37]と述べたように、有害なカジノのギャンブルを経験させないことが最大の依存症対策なのである。

とはいえ、ギャンブルの多様性や各国における文化的背景、そして国民意識によってカジノを含めたギャンブルが多くの国で合法化されているのは現実であり、その現実のもとでカジノ・ギャンブルを放任せず、その有害性を極力抑制するものとして責任あるギャンブルの推進は大きな意義を有している。

またＧＡなどの自助グループの取組みで、多大な努力が必要とはいえ「ギャンブルをしない状態を継続できる」という治癒も達成できる。では、これをもってＩＲ型カジノを合法化しても日本でギャンブル依存症の問題をコントロールできると言えるのであろうか。最後に検討しなければならないのは、技術的可能性と経済的現実性の問題である。

再三指摘したように、米国型商業カジノとしてのＩＲ型カジノは、営利極大化を目的としたものに留まらず、巨額投資と維持運営費の大きさゆえに収益エンジンとしてのカジノにかかる負担が大きいものであった。欧州型カジノに比して大型の米国型商業カジノは、利益を極大化するために賭けをいかに延々と継続させるかに企業努力を集中するのであり、いわば客をギャンブル依存状態に誘導することで利益を極大化する手法であった。

推進派のギャンブルの自己責任論と異なり、カジノ企業側はギャンブラーを一種の自己陶酔状態に誘導するのであり、程度の差はあれ依存状態に誘導されることによって理性的な判断能力を失わされていくことになる。自己責任論の前提となる正常な判断力や、正確な情報に基づく自己決定力を失わせていくのがカジノ・ギャンブルの特質なのである。
実際カジノ収益の大半はギャンブル依存者に依存していると言われるように、「滅びるまで賭けさせる」技術を凝縮したものが米国型商業カジノであり、米国で「略奪的ギャンブル」と称される理由であった。

推進派は、海外でのカジノの弊害防止のため実施されている「最善の基準」を導入することでギャンブル依存症の発生を極小化できるという。しかし、その「最善の基準」の規制に基づく導入は、カジノの収益性ひいてはＩＲ型カジノに期待されている経済的効果の極大化と対立する関係にある。経済的利益極大化のためのコストとしてカジノ・ギャンブルの社会的コストが位置付けられている限り、経済的利益優先のために規制の基準は緩和されることになってしまう。

実際、アベノミクスでは「儲ける力」が前面に押し出されているが、カジノにおける「儲ける力」とは、より多くの顧客を負けさせる力のことである。そのためにはより多くの顧客をカジノに集め、そして「全てを無くす」まで賭けに熱中する顧客を増やすことにほかならない。それは投資金額が大きくなり、固定経費が高いＩＲほど熾烈《しれつ》な行動になる。そして不幸なことに、カジノの「儲ける力」の追求とカジノの厳格な規制は相反する。カジノの対象者を外国人客のみに制限するか否かを巡る14年のＩＲ議連の「混乱」は象徴的な出来事だったと述べた通りだ。

実際、世界で最も先進的なギャンブル依存症対策も含めた規制の導入どころか、それを大きく下回るものになる危険性のあることが、日本における「最強」の圧力団体（ロビースト）である在日米国商工会議所意見書で明らかになった。[*38] 14年２月に設立された「統合型リゾートタスクフォース」（委員長：セス・サルモン／パシフィカ・キャピタル社長）が、14年秋の国会でのカジノ推進法の成立を見越して作成し発表した同意見書に従えば、シンガポールにも遠く及ばない規制水準となってしまう。

同意見書は、「日本のＩＲはアジア各地のリゾートと競合すべく、シンガポールやマカオなどの他の有数の管轄区域と比較してより利便性の高い法規制の枠組みを構築することが大変重要である」とする。

この「より利便性の高い法規制の枠組み」の具体的内容として、①総収益（ＧＧＲ）に対する税率は10％以下にすること、②入場料は課さないこと、③24時間年中無休の営業を認めること、④顧客への金融サービスの提供を認めること、⑤カジノの規模については恣意的な制約を設けないことを要求する。

個人が自身のカジノゲームの利用を制限、または禁止できる等の規制を導入することが必要であるとしつつも、入場料の徴収や賭けにおける金銭的上限については、その効果が実証されていない上に「観光、税創出、雇用創出や他地域との競争において全体的な目標の達成を妨げている」「経済的メリットを得る上で一役買う、富裕層の訪問者を呼びこむことにおいてシンガポールやマカオと競合する日本のＩＲで、全訪問者のギャンブルを制限することは、逆効果となりかねない」とするように、カジノの収益性を最優先する姿勢を明確にしているのである。

この結果、カジノの営業時間や賭け金額の上限規制で大きな効果を上げているスウェーデンなどの規制はおろか、シンガポールの入場料徴収や広告宣伝の禁止、そして厳格な「自己排除制度」の導入、ギャンブル依存症対策を専門に行う公的機関（シンガポールにおけるＮＣＰＧ）などを欠いた規制となってしまう。

さらに重要なのは、「大半の国ではカジノの顧客はカジノでのクレジット供与サービスを求めており、外国人顧客はホスト国へ、またホスト国から多額の送金を行うことを求めることが多い」として貸出と通貨取引等の金融サービスの提供を求めていることである。

つまり顧客の借金によるギャンブルの継続を可能にし、かつジャンケットと呼ばれる仲介業者の活動を認めることになる。「ＩＲの業績と採算性」を優先した場合、厳格な規制は到底実現することはできなくなる。しかしカジノ推進派もまた、カジノの経済的効果を強調する限り、カジノの収益性最優先の立場に立たざるを得ないことになるであろう。日本のカジノが「儲ける力」だけに焦点化されるならば、それは非常に危険な日本経済と社会の大きな転換点になることは間違いない。

【注釈】

＊1 自民党カジノ・エンターテイメント検討小委員会「我が国におけるカジノ・エンターテイメント導入に向けての基本方針」（２００６年6月）
＊2 投資銀行ＣＬＳＡ推計『円が天から降ってくる』（２０１４年2月）
＊3 『週刊ダイヤモンド』、「いよいよ解禁か!? カジノ狂騒曲」（２０１４年4月）
＊4 佐々木一彰ほか『カジノミクス』、小学館、２０１４年
＊5 厚生労働省「ＷＨＯ世界戦略を踏まえたアルコールの有害使用対策に関する総合的研究」（２０１４年8月）
＊6 ウォール・ストリート・ジャーナル（２０１３年10月11日）
＊7 中條辰哉『日本カジノ戦略』、新潮社、２００７年
＊8 オーストラリア政府生産性委員会「Ｇａｍｂｌｉｎｇ」（２０１０年）
＊9 読売新聞社説（２０１４年10月17日）
＊10 ポール・サムエルソンほか『経済学』（岩波書店、１９８０年11版）（第21章「農業における需要と供給」）
＊11 Ｗ・トンプソン、ラスベガス・レビュージャーナル（１９９７年2月19日）
＊12 米議会報告書「中国に関する議会行政報告書２０１３」
＊13 木曽崇『日本版カジノのすべて』、日本実業出版社、２０１４年
＊14 東京都観光産業振興プラン（２００１年）
＊15 東京都都市型観光資源の調査研究報告書（２００２年）
＊16 「統合型リゾート（ＩＲ）について考えるシンポジウム」（２０１４年2月、大阪）
＊17 関西経済同友会「関西統合型リゾート『ＫＩＲ』実現に向けて」（２０１２年3月）
＊18 沖縄県「平成19年度カジノ・エンターテイメント検討事業調査報告書」（２００８年3月）
＊19 沖縄県「平成20年度カジノ・エンターテイメント検討事業調査報告書」（２００９年3月）
＊20 「カジノ・エンターテイメント産業による秋田の活性化〈秋田市への提言〉」（２００８年10月）
＊21 マサチューセッツ州報告書「マサチューセッツ州におけるカジノ・ゲーミング」（２００８年）
＊22 ニューハンプシャー州議会「ゲーミング調査委員会報告書」（２０１０年）
＊23 米国ゲーミング協会「ゲームが栄える時、米国は成長する」（２０１４年）
＊24 ニューヨーク・タイムズ（２０１４年5月31日）

＊25 ST・ウ、YS・チェン「マカオとシンガポールへのカジノギャンブルの社会的、経済的、環境的影響」（２０１４年）
＊26 シンガポールカジノ規制庁・年次報告（２０１３年版）
＊27 シンガポール『ツアーリズム統計年報２０１３』
＊28 ザ・ストレーツ・タイムズ（２０１２年11月16日）
＊29 「わが国における飲酒の実態ならびに飲酒に関連する生活習慣病、公衆衛生上の諸問題とその対策に関する総合的研究」（２００８年度調査、２００９年5月公表、石井裕正慶應大学教授代表）
＊30 帚木蓬生『ギャンブル依存国家・日本』、光文社、２０１４年
＊31 「ＷＨＯ世界戦略を踏まえたアルコールの有害使用対策に関する総合的研究」（２０１３年度実施、樋口進久里浜医療センター医師代表）
＊32 厚生労働科研費「病的ギャンブリングの実態調査と回復支援のための研究」（宮岡等代表、２０１４年３月）
＊33 日本プロジェクト産業協議会都市型複合観光事業研究会編『日本版カジノ』、東洋経済新報社、２００３年
＊34 「病的賭博者１００人の臨床的実態」（『精神医学』第50巻第9号、２００８年9月）
＊35 「ギャンブラーズ・アノニマス（ＧＡ）の参加者１２５人の臨床的実態」（『精神科治療学』29号、２０１４年）
＊36 英国「２００５年ギャンブル法：その賭けは価値があったのか？」（２０１２年）
＊37 ノルウェー・ゲーム庁「アクションプラン２００９―11」
＊38 「統合型リゾートが日本経済の活性化に寄与するための枠組みの構築」（２０１４年10月）

おわりに

リーマンショック以降の資本主義の大きな行き詰まりのなかで、儲かれば何でもいいのか？　ということが深く問われている。それは単なる理念上の問題ではなく、現実の問題を解決するためにも欠かせない問いかけである。

２０１３年のＧ８議長国の英国キャメロン首相の提起による『インパクト投資：市場の見えざる心』（9月15日）は、「リスクとリターン」で判断されてきた20世紀の投資の基準に「全ての人々にとって良き社会を作るための能力を高める」意味ある投資という、第３の基準を加えた資本市場のパラダイム転換が必要であるとした。人々の不幸を利潤源とするカジノ・ギャンブルへの投資に熱狂する日本へのなんと鋭い警鐘であろうか。「カジノで経済成長」とは、儲かれば何でもありの経済政策への国家の堕落の象徴ではないだろうか。

カジノへの投資は、ギャンブルという非生産的で有害な「商品」を生み出すものでしかない。米カジノ企業が１００億ドル規模の投資を表明し「カジノ狂想曲」を煽っているが、その投資が環境や医療や教育または貧困解決に向けた投資に使われたときにもたらされる生産的な結果を想像すれば、カジノへの巨大投資がいかに虚しいものであるか明らかではないだろうか。

本書では、カジノ合法化でもたらされる経済的利益といわれるものが実は虚構にすぎないことを明らかにしてきた。またIR型カジノが、カジノの中でも、全国民をギャンブル漬けにし、経済と社会を荒廃させる最悪の選択肢であることを示してきた。

それは社会に様々な犠牲とコストを不平等に強いるものであり、地域社会を破壊し貧困格差を拡大する道である。日本において古来「賭博」が刑法等で禁じられてきたのは先人の知恵であり、それを社会的に守り継承してきたがゆえに、世界でも勤勉な国民性を育んできたのではないだろうか。カジノ合法化で失われるのはそういう日本人の美徳ではないだろうか。

本書は、2014年4月にカジノ合法化問題に関わり始めて以来、研究者に対する社会的要請に応えようと懸命にカジノ問題の調査研究に没頭してきた、著者の拙い端著的な成果にすぎない。

この間、ゼミの研究テーマが突然カジノ問題に変わり戸惑ったであろう学生も含めて様々な方々にご迷惑をお掛けしてきたに違いない。また急なアトランティックシティ行きのため、家族用に貯めておいたマイレージを快く提供してくれた妻はじめ家族の協力に感謝に堪えない。アトランティックシティ調査時には、フィラデルフィア日本人会、とりわけパトリック・デイリー会長と誠子奥さまには多大なお世話になった。また帚木蓬生先生には急なヒアリングのお願いにも快くご協力頂いた。お世話になった関係各位にはあらためて深く感謝したい。

　ＩＲ型カジノという幻想に賭けるのではなく、日本の豊かな文化と勤勉な国民性を活かした日本復活の道を模索していくのが、私たち大人の日本の未来に対する責任ではないかと思う。

二〇一五年三月

鳥畑与一

カジノ幻想《げんそう》

「日本経済が成長する」という嘘

二〇一五年四月二〇日　初版第一刷発行

著者◎鳥畑与一《とりはたよいち》

発行者◎栗原武夫
発行所◎KKベストセラーズ
東京都豊島区南大塚二丁目二九番七号　〒170-8457
電話　03-5976-9121(代表)

装幀フォーマット◎坂川事務所
印刷所◎錦明印刷株式会社
製本所◎ナショナル製本協同組合
DTP◎株式会社三協美術

ISBN978-4-584-12473-4 C0230

鳥畑与一（とりはた　よいち）

1958年生まれ。静岡大学人文社会科学部経済学科教授。大阪市立大学大学院経営学研究科後期博士課程修了。専門は国際金融論。著書に『略奪的金融の暴走：金融版新自由主義がもたらしたもの』(学習の友社、2009年)、「グローバル資本主義下のファンド」(野中郁江他編著『ファンド規制と労働組合』序章、新日本出版社、2013年)、「カジノはほんとうに経済的効果をもたらすのか？」(全国カジノ賭博場設置反対連絡協議会編『徹底批判!!　カジノ賭博合法化—国民を食い物にする「カジノビジネス」の正体』第2章、合同出版、2014年)などがある。